U0548541

与孩子实现真正有效沟通的方法

（最新修订版） 艾丽丝·吉诺特 H.华莱士·戈达德 修订

〔美〕海姆·G.吉诺特 著

张雪兰 译

图书在版编目（CIP）数据

孩子，把你的手给我 /（美）海姆·G. 吉诺特著；
（美）艾丽丝·吉诺特，（美）H. 华莱士·戈达德修订；
张雪兰译. —北京：北京联合出版公司，2018.1（2024.5重印）
ISBN 978-7-5596-1538-1

Ⅰ.①孩… Ⅱ.①海… ②艾… ③H… ④张… Ⅲ.①
家庭教育 Ⅳ.①G78

中国版本图书馆CIP数据核字（2018）第007845号

孩子，把你的手给我
作　　者：［美］海姆·G. 吉诺特
修　　订：［美］艾丽斯·吉诺特　H. 华莱士·戈达德
译　　者：张雪兰
选题策划：北京天略图书有限公司
责任编辑：王　巍
特约编辑：阴保全
责任校对：高雪鹏

北京联合出版公司出版
（北京市西城区德外大街83号楼9层　100088）
（北京联合天畅发行公司发行）
水印书香（唐山）印刷有限公司印刷　　新华书店经销
字数180千字　　787毫米×1092毫米　　1/16　　15.25印张
2018年1月第1版　　2024年5月第11次印刷
ISBN 978-7-5596-1538-1
定价：32.00元

孩子，把你的手给我
让我能走在
你对我的信任之光里

——汉娜·卡恩（Hannah Kahn）

最新版序言

海姆·吉诺特博士在经受了长期病痛的折磨之后，于1973年11月4日逝世，享年51岁。在去世前几个星期，他看着他写的第一本书——《孩子，把你的手给我》，对我说："艾丽丝，你会看到这本书会成为经典。"他的预言成真了。

海姆·吉诺特是一位临床心理学家、儿童治疗专家以及家长教育专家，他所著的书——《对待孩子的集体精神疗法》《孩子，把你的手给我》《父母和十几岁的孩子》[1]《老师和孩子》[2]——彻底改变了父母、老师与孩子之间的关系。这些书畅销多年，被翻译成三十一种语言。在约翰·W. 桑特洛克、

①Between Parent and Teenager，中文版书名为《孩子，把你的手给我（Ⅱ）》，最新中文版由北京联合出版社公司于2018年出版。——译者注

②Teacher and Child，中文版书名为《孩子，把你的手给我（Ⅲ）》，最新中文版由北京联合出版公司于2018年出版。——译者注

安·M. 明奈特和芭芭拉·D. 坎贝尔所著的《自助书籍的权威指南》一书中，吉诺特的书获得了最高的评价——“强烈推荐”，而且列在最好的自助书籍的决选名单中。

他是出现在《今日》电视节目中的第一个移民心理学家，每周给金氏社旗下的辛迪加国际报业集团的出版物写专栏，每月给《麦考斯》杂志写专栏。他还是纽约大学研究生院的心理学兼职教授，在艾德尔菲大学指导博士后课程。

他在书中倡导的沟通技巧帮助成年人以同情和关爱的方式进入孩子的世界，教给成年人如何了解孩子的感受并对其做出反应。

正如他在一次演讲中所说：“我是一名儿童心理治疗医师，我给那些有心理障碍的孩子提供治疗。假如我给孩子们每周治疗一个小时，持续一年之后，他们的症状消失了，他们感觉好多了，并开始和他人相处，甚至在学校里也不再感到烦躁，那么，我做了什么产生效果了呢？我用一种关心的方式与他们交流。我利用每一次机会帮助他们培养自信。如果这种沟通方式能让有病的孩子恢复心智健康，那么其原则和实施也应该属于父母和老师。尽管心理治疗医师也许能够治愈孩子的心理疾病，但是，只有那些和孩子们朝夕相处的人才能帮助孩子成为心理健康的人。”

于是，他发起了父母教育和指导小组，帮助父母学习如何以更关心、更有效的方式对待孩子，如何了解自己的感受并更多地理解孩子的感受。他希望父母能够学会如何管束孩子而又不让孩子觉得丢脸，如何批评孩子而又不让孩子遭到贬低，如何不加评判地赞扬孩子，如何发怒而又不伤害孩子，如何承认孩子的感觉、认知和观点，而不是和孩子争论。如何对孩子做出回应，才能让孩子学会相信自己的内心，才能培养孩子的自信。

在成为心理学家之前，海姆·吉诺特博士是以色列的一名教师，他毕业于耶路撒冷的大卫·耶林师范学院。在教了几年书之后，他意识到，自己还没有为与班上的那些孩子打交道做好充分的准备。于是，他决定前往哥伦比亚大学师范学院深造，在那里，他获得了博士学位。

尽管海姆·吉诺特的一生并不长，但他依靠他的聪明才智做了很多创造性的工作，取得了巨大成就。他在他的书中、演讲中、专栏中倡导的如何与孩子沟通的创新思想不仅在美国，甚至在全世界都产生了巨大反响。他影响了养育讲习班的发展，在他的讲习班里，父母和老师学会了如何用体贴而关心的方式来对待孩子。

尽管英语不是海姆·吉诺特的母语，但他喜爱英语。他把英语当成诗歌，以一种简洁而精确的方式来使用英语。就像古代的智者一样，他用比喻、寓言和警句散播着他的智慧："不要仅仅成为父母，要成为身为父母的人。"

有一个故事，说一个犹太学者在五十岁时去世了。当家人从葬礼上回来时，大儿子说道："我们的父亲度过了漫长的一生。"所有的人听了都很吃惊，他们问："你怎么能这样说一个如此年轻就去世了的人呢？""因为他的一生非常充实，他写了很多重要的著作，感动了很多人。"

这就是我要说的。

艾丽丝·吉诺特博士

2003 年

引 言

没有哪位父母一大早醒来时就打算着要让孩子的生活痛苦不堪。没有一个母亲或者父亲会说："今天，只要有机会，我就要向我的孩子大嚷大叫、唠叨，要让他丢脸、出丑。"相反，每天早晨，许多父母都下定决心："今天会是平静的一天，没有叫嚷，没有争辩，没有战争。"但是，尽管有好的意图，讨厌的战争还是会再次爆发。

父母和孩子之间充满了无休止的小麻烦、阶段性的冲突，以及突如其来的危机。发生危机时需要做出反应，而反应无一例外都会造成一定的后果，对孩子的个性和自尊造成好或不好的影响。

我们相信，只有心理不正常的父母才会做出伤害孩子的反应。但是，不幸的是，即使是那些爱孩子的、为了孩子好的父母也会责备、羞辱、谴责、嘲笑、威胁、收买、惩罚孩子，给孩子定性，或者对孩子唠叨说教。

为什么会这样？因为大多数父母没有意识到语言的破坏力量。他们发现自己说出来的话正是以前自己的父母对他们说过的，发现他们正用一种自己也不喜欢的语气跟孩子说话，他们原本没打算这样的。在沟通中发生这种不幸，常常不是因为缺乏爱心，而是缺乏对孩子的理解；不是因为缺乏智慧，而是缺乏知识。

父母需要特别的方式跟孩子相处，跟孩子交谈。如果我们中的任何一个人躺在手术台上，在麻醉师把我们麻醉之前，外科医生走了进来，说："在手术方面，我真的没有受过多少训练，但是我爱我的病人，我会利用常识来做手术。"这时你会有什么感觉？我们可能会惊慌失措，赶紧逃命去了。但是，对于那些相信爱和常识就足够的父母来说，他们的孩子可就不轻松了。父母就像外科医生一样，也需要学习特别的技能，这样，在处理孩子的日常要求时才有能力胜任。就像受过训练的外科医生在下刀时需要小心谨慎一样，父母在使用语言时也要有技巧，因为语言就像刀，它们能够带来痛苦，即使不是身体上的痛苦，在感情上也会留下很多痛苦的伤痕。

如果我们想改善和孩子的沟通，该从何处开始呢？可以通过观察我们自己的反应。这些语言，我们都是知道的。我们听到父母在跟客人和陌生人交谈时就是使用那样的语言。那种语言照顾你的感受，而不是对你的行为进行批评。

我们对一个忘了带走雨伞的客人会说什么？你会不会追上去说："你怎么回事？每次来我家都要落下什么东西，不是这个就是那个。你为什么就不能像你妹妹一样？她来我家时，总是很守规矩。你都四十四岁了！就不能长点记性吗？我不是跟在你后面捡东西的奴仆！我敢打赌，如果你的头不是长在肩膀上，你会把头都弄丢的！”我们不会对客人这样说话，我们会说：“这是你的伞，艾丽丝。”也不会再加上一句：“你总是不注意。”

父母需要学会把孩子当成客人一样对待。

父母希望他们的孩子安全、快乐，没有哪个父母故意让孩子变得害怕、羞怯、不体谅他人、令人讨厌。但是，在成长的过程中，许多孩子渐渐养成了一些不良品性，缺乏安全感，缺乏对自己及他人的尊重。父母希望孩子有礼貌，他们却很粗鲁；父母希望孩子整洁，他们却邋里邋遢；父母希望孩子自信，他们却对自己毫无把握；父母希望孩子快乐，但是他们却经常不开心。

父母可以帮助孩子成为一个品质高洁的人，一个有着怜悯心、敢于承担义务的人，一个有勇气、充满活力、正直的人。为了能达到这些人性的目标，父母需要学习人性的方法。光有爱是不够的，洞察力也不足以胜任，好的父母需要技巧，如何获得并使用这些技巧就是这本书的主要内容，它可以帮助父母把期望的目标转变为每天的实践。

我希望这本书能够帮助父母明确跟孩子有关的目标，并提出一些能达到这些目标的方法的建议。当父母遇到需要具体方法解决具体问题时，那些陈词滥调，像“给孩子更多的爱”“给她更多关注”或者“给他更多时间”是毫无帮助的。

多年来，我们一直在跟父母和孩子打交道，有时是以个人的形式，有时是以治疗小组的形式，有时以养育讲习班的形式。这本书就是这些经验的结晶。这是一个实用的指南，给所有面临日常状况和精神难题的父母提供具体的建议和可取的解决方法。它还给出了一些从基本交流原则生发出来的具体建议，指导父母在跟孩子相处时要彼此尊重。

目　录

最新版序言

引　言

第 1 章　交流密码：父母和孩子的对话

孩子的问题：隐藏的含义 / 1

和孩子对话是一门有规则的独特艺术，有它自己的含义。他们的信息里经常有需要解读的密码。

孩子的问题往往隐藏着他们真实的担心、烦恼、愤怒、失望或者伤心。

毫无效果的对话：说教和批评产生距离和怨恨 / 6

八岁的大卫对他的妈妈说："为什么我每次问你一个小问题，你都要给我那么长的答案？"他向他的朋友倾诉说："我不跟我妈

妈说任何事情，如果我跟她说，我就没有时间玩了。”

沟通：针对孩子的感受做出反应，而不是针对其行为 / 7

妈妈：你看上去很烦，能告诉我怎么了吗？

安妮塔：老师把我的卷子撕了，我那么努力地答题，她居然只看了一眼就撕了。

妈妈：没有得到你的允许吗？怪不得你这么生气呢！

当遇到孩子行为不当时，家长往往意识不到是因为不安的情绪导致了那样的行为。在纠正他们的行为之前，一定要先处理他们的情绪问题。

谈话的原则：理解和共鸣 / 14

一个十二岁的女孩说，当她拿着不及格的成绩单回家，她父亲用如此理解的态度跟她说话时，她几乎要晕倒，她在心里说，我一定要对得起父亲对我的信任。

鱼儿会游泳，鸟儿会飞翔，人会感知：
混乱的感受，混乱的信息 / 20

对孩子来说，知道他怎么想，远比知道他为什么会这么想要重要。当他确确实实知道了他内心的真实感受，他的内心就不太可能觉得“一团糟”。

就像一个孩子说的：“如果我的这些混乱的情绪能够被理解，那么它们就不是那么混乱的。”

映射情感：说出孩子的感觉有助于他们理解自己是怎么想的 / 22

当我们的孩子感到苦恼、害怕、困惑或者痛苦时，我们很自然地会匆匆给出评价和意见，通常会明白无误地说出来——即使不是故意的——“你太迟钝了，不知道该怎么做。”这简直是雪上加霜，在孩子原先的痛楚之上又增加了新的伤害。

在这样情绪激动的时刻，没有什么比一个人的聆听和理解更让人觉得安慰的了。

第2章　语言的力量：鼓励和指导的更好方法

在心理疗法中，从不会对孩子说“你是个好孩子”或者“你很棒”。判断和评价性的赞扬都是要避免的。为什么？因为那样没有用，那些话会使孩子产生焦虑，助长孩子的依赖性，唤起孩子的防御心理，对培养孩子自立、自我指导、自我控制的能力以及不受外界看法影响的品质没有帮助。

实际上，夸奖可能导致紧张和行为失当。当父母跟孩子说“你真是个好孩子”时，他可能无法接受，因为他对自己的想法是完全不同的。夸奖越多，他的不端行为可能就越多，因为他想显示出他的“真我”。

当八岁的玛丽不小心打翻了她的果汁时，她的妈妈平静地说道：“我看到果汁打翻了，我们重拿一杯果汁来吧，还要拿一块海绵。”玛丽抬起头来看着妈妈，既松了口气，又有点怀疑。

当不好的事情发生时，当时并不是教训肇事者人品的合适时机，应该先处理事情，而不是人。

当出了问题时：要回应，而不是反应 / 34

这种和气的话会让纳撒尼尔很惊讶，可能会为他闯的祸产生歉意和赎罪心理。在没有呵斥、没有巴掌的情况下，他甚至可能会在心里思考，并自己得出结论：杯子不是用来玩的。

父母的批评对孩子是没有益处的，它只能导致气愤和憎恨。而更糟的是，如果孩子经常受到批评，他们就学会了谴责自己和别人。

辱骂会伤害孩子 / 38

如果老师或父母不断重复说一个孩子愚蠢，渐渐地，孩子就会相信，他会认为自己的确是愚蠢的，然后就会放弃智力上的努力，认为避免愚蠢的方法就在于避开比赛和竞争。他的安全感依赖于不去努力，他生活的座右铭变成："如果我不去试，我就不会失败。"

如果我们希望孩子在成长的过程中对自己有信心，我们就需要利用每个机会强调他们积极的一面，避免使用贬低性的言辞。

一致的交流：让言语和心情相符 / 39

孩子从父母那里需要的、感激的是符合心情的反应。他们希望听到反映父母真实心情的言语。

只有那些同意自己在生气时感觉不到爱的父母才会回应孩子的指责，而不是一味辩解："现在不是讨论爱的时候，现在讨论的是什么让我这么生气。"

如何处理我们自己的愤怒／40

简的妈妈表达了她的愤怒，但是没有辱骂女儿。“我一次也没有提过去的牢骚，没有翻旧账，我也没有责骂女儿，我只是描述了我的心情，以及以后该怎么做才能避免不愉快。”

父母的愤怒也可以起到一定作用。事实上，在某些时刻，不生气并不会给孩子带来好处，反而给孩子一种漠不关心的感觉，因为那些关心孩子的人很难做到一直不生气。

发怒的三个步骤／43

在跟孩子打交道的时候，我们有时会发脾气。我们有权生气，而不必感到内疚或者羞愧。只要我们不攻击孩子的人品或者性格，我们就可以表达我们的愤怒。

对生气孩子的回应：方法最重要／46

“大卫今天很烦，他担心去看牙医。现在他需要我们所有人的体谅。”就好像变魔法一样，大卫马上安静下来，他去看了牙医，没有再抱怨。

吉姆的妈妈用的方法是谩骂、威胁、责备和惩罚，而汤姆的妈妈则是指出问题所在，然后给出解决问题的建议。

总结／50

我们承认努力，表达感激（“你做那件事做得很努力”“谢谢你的帮忙”），但是我们不能评价孩子，不能给他们定性。

当麻烦发生时，我们要寻求解决的方法，而不是责备和批评。

第 3 章　自取其害：应该避免的错误做法

恐吓：不端行为的邀请函 / 53

警告是对孩子自主权的挑战。如果他有一点点自尊的话，他就会再次违纪，以此向别人展示他不惧怕任何挑战。

贿赂：重新思考一下“如果……那么”的谬误 / 55

有些孩子会故意犯错，好让父母为了让他们变好而提供奖赏。这样的推理可能会很快导致讨价还价和勒索。

许诺：为什么不切实际的期望会给每个人带来焦虑 / 56

当父母用许诺来强调他们说的话的意思时，就无异于承认那些“没有许诺过”的话是不值得信任的。

“但是你保证过的！”父母真希望自己没有保证什么，但是后悔已经晚了。

挖苦：学习的严重障碍 / 56

不管是有意还是无意，我们都不应该贬低孩子的形象，不管是他在自己眼中的形象，还是他在同龄人眼中的形象。

这样的话对沟通是一种障碍，只会惹得孩子专注于报复的幻想中。

权威需要简短：少说更有效 / 57

“妈妈，至少做对一次事情行不行，把水果放到冰箱里。”“我做对了一件事，我生了你。”他的妈妈回答说，“现在，帮我把水果放到冰箱里。”罗恩咯咯地笑了起来，开始帮忙。

· 权威需要简短和选择性的沉默

对待谎言的策略：学会怎样才能不助长谎言 / 60

这种前后变化让小威利学到了什么？说真话、告诉妈妈自己的想法是危险的。说真话时，你受到惩罚；说谎时，你得到爱。

为什么孩子会撒谎？他们撒谎有时是因为他们不被允许说出真相。

有时他们说谎，是为了用幻想来弥补自己在现实中的不足。

对不诚实的处理：一盎司的预防胜过一吨的调查 / 64

我们不能激发孩子防御性的撒谎，我们不能有意制造让孩子撒谎的机会。我们希望孩子知道没有必要对我们撒谎。

“为什么”就意味着父母不赞成、失望、不高兴，从而引出过去受责备的回忆。

偷窃：懂得所有权是需要时间和耐心的 / 65

如果你确定孩子从你的皮夹里偷了钱，最好不要用提问的方式问这件事，而是告诉他：“你从我的皮夹里拿了一块钱，我希望你还给我。”

不能用粗鲁方式教育孩子懂礼貌：培养礼貌的方法 / 67

当孩子打断大人们的谈话时，大人通常会生气地说：“不要无礼，打断别人的谈话是很不礼貌的。”但是打断插话的人同样也是不礼貌的。父母在要求孩子懂礼貌时，不能用粗鲁的方式。可能这么说会好一点：“我希望能把话讲完。”

当孩子忘了说“谢谢”时，父母会当着其他人的面指出来，这种做法至少可以说是很不礼貌的。父母急急忙忙地提醒孩子说

“再见”，甚至他们自己都还没道别。

总结／69

在孩子成长的岁月中，如何处理他们的谎言、偷窃，以及其他一系列错误行为，每一个父母都曾为难、困惑过。威胁、贿赂、许诺、挖苦、粗鲁都不是答案。

第 4 章　责任感：要求服从，不如传输价值观

责任感的源泉／72

价值观不可以直接传授。孩子只会被那些他们爱戴、尊敬的人同化，通过模仿他们，孩子们吸收了他们的价值观，并且成为孩子自己价值观的一部分。

预期的目标和日常实践／73

孩子的责任感开始于父母的态度和技巧。态度包括允许孩子有自己的情绪；技巧包括向孩子示范处理情绪的可接受的方法的能力。

长期计划和短期计划／74

不要针对他们的行为、他们外表的服从或者反抗做出反应，而要对引起这个行为的真实想法做出回应。

医治孩子的情感创伤／75

就像孩子摔倒受伤时，父母会马上给孩子提供身体上的急救一样，父母同样需要学会当孩子情感受伤时向孩子提供精神上的急救。

与孩子建立联系 / 77

那些留神倾听孩子说话的父母，不仅听，而且体谅孩子强烈情感的父母，传达给孩子的信息是：他们的观点和想法是有价值的，是受到重视的。这样的重视会带给孩子自尊。

映射孩子的感觉 / 79

十二岁的特德问我："我的父亲说我懒、野、蠢，他说得对吗？我觉得我不是那样的。"

很多父母说自己的孩子笨、懒、欺骗，却又希望这样的评价能够激发孩子变成一个聪明、勤劳、诚实的人。

预防"愤怒的葡萄" / 81

父母应该自觉避免使用那些能够导致怨恨和厌恶的言辞及评论。

不带抨击地陈述感受和想法 / 81

"我已经长大了，我对发现过错不感兴趣，我关心的是解决问题的办法。"

"唔，"他的妈妈说，"在遇到难题时，责备是没有用的。"

孩子的发言权和选择 / 83

培养孩子的责任感，就是要在跟他们有关系的事情上让他们有发言的机会，如果必要，让他们自己做出选择。

· 食物

· 衣服

· 家庭作业

· 零用钱：认识到钱的意义
· 照顾宠物：提供关爱的共同事业
· 冲突领域和责任范围
· 音乐课：保持家庭和谐

家长会：把问题集中在如何帮助孩子上 / 99

老师：唔，让我告诉你，你的儿子不能按时到校，他不做家庭作业，他的笔记本一塌糊涂。

父亲（记录）：哦，你的意思是说他需要改进，要准时到校、做家庭作业、保持笔记本整洁。

但是当他看到父亲的笔记时，他惊讶了。

朋友和玩伴：监督孩子的社交 / 101

孩子需要机会跟和他自己性格不同或互补的人交往，因此，内向的孩子需要性格更外向一点的同伴；我们的目的是鼓励互相补偿的关系，让孩子和那些跟他们性格不同的朋友多多接触。

允许孩子为选择自己的朋友负责，同时我们也要承担责任，确保他们的选择有益。

培养孩子的独立性 / 102

好的父母，就像好的老师，要让自己渐渐成为孩子可有可无的人物。父母应该让孩子自己作决定。

第 5 章　纪律：寻找替代惩罚的有效手段

惩罚无法制止不当行为，只会让肇事者在躲避侦查上更有技巧。在孩子受到惩罚之后，他们会想办法更加小心，而不是更顺

第 **6** 章　积极的养育：孩子生活中的一天

时间表的专制：高峰期／127

当孩子觉得仓促时，他们会自己抓紧时间。

早餐：没有道德说教的进餐／128

吃早饭的时候，不是教育孩子普遍哲学、道德原则，或者礼貌举止的好时机。对父母来说，这时只适宜给孩子准备有营养的食物。

抱怨：处理失望情绪／130

为了避免反抱怨或者辩解引起怒气更甚而陷入争吵，父母需要学会承认孩子的抱怨，以此作为对孩子抱怨的回应。

穿衣服：鞋带的战争／131

当孩子穿着脏了的衬衫回家时，父母可以这么说："你看起来今天很忙啊，如果你想换，壁橱里还有一件衬衫。"

上学：帮助比长篇大论更好／132

对孩子来说，"两点钟我去接你"比"放学后，不要在街上闲逛"更有指导性。

放学：提供热情的欢迎／132

不要问孩子那些只会引起无精打采的回答的问题。

回家：在一天的最后阶段重新和孩子交流／133

一段"不许提问题"的时间可以帮助创造宁静的绿洲氛围，大大提高家庭生活的质量。

就寝时间：战争还是和平 / 134

可以利用就寝时间跟每个孩子说说亲密的话，那么孩子就会盼望就寝时间，他们喜欢和妈妈或者爸爸有“单独在一起”的时间。

父母的特权：不需要孩子的许可证 / 135

如果孩子因为父母晚上要出去而哭起来的话，不要去谴责孩子的恐惧，但是也不要服从孩子的愿望。

电视：裸露和死亡 / 136

只监督儿童媒体节目的质量和性质是不够的，父母可以通过健康的感情关系、快乐的嬉戏和令人满意的业余爱好，为孩子打开学习、交流和贡献之门。

第 7 章　妒忌：不幸的传统

新生儿诞生：仿佛兄弟姐妹之间的入侵 / 140

孩子不会怀疑家庭里妒忌的存在，他们早就知道妒忌的含义和影响。

诞生：介绍入侵者 / 141

这样说就足够了：“我们家又多了一个新生宝宝。”

表达妒忌：话语好于病症 / 142

恶梦是孩子对用言语不敢表达的画面的一种表达方式。跟可怕的恶梦相比，用言语表达出妒忌和愤怒对孩子更好。

·妒忌的各种表现
·妒忌的源头
·处理妒忌：语言和态度很重要

同情的话语：妒忌的消除 / 147

我们不会为野蛮的情绪感到震惊。情绪是坦率的，攻击是有害的。最好把怒气象征性地发泄到一个无生命的物体上。

质量或平等：爱要惟一，而不要均一 / 149

孩子渴望得到我们完整的爱，当他们的这种欲望被承认时，他们就会感到安心。

离婚和再婚：妒忌的另一个竞技场 / 150

孩子最不希望发生的事情就是和另一个陌生的成年人分享自己的父亲或母亲。

第8章　孩子焦虑的一些来源：提供情感上的安全感

父母知道每个孩子都会有担心和焦虑，但是他们不明白这些焦虑的来源。这里记述一些孩子焦虑的来源，并且提供一些处理焦虑的方法，可能会对父母有所帮助。

因为担心被抛弃而产生的焦虑：通过准备工作让孩子安心 / 153

孩子最大的恐惧是父母不再爱他并抛弃他。

永远不要威胁说要抛弃孩子。不管是开玩笑，还是愤怒当中，都不要警告孩子说他或她将被抛弃。

由于内疚而产生的焦虑：简洁更加有效 / 156

这个时候需要做的就是拿回帽子。手中的一顶帽子比院子里的两个解释要有效得多。

因不信任或者不耐烦而产生的焦虑：给孩子成长的空间 / 157

对他们最好的帮助就是耐心地等待，对任务的困难进行一点评价："穿一件外套不容易。""瓶盖很难拧开。"

由于父母之间的冲突产生的焦虑：内战导致的后果 / 158

对孩子来说，让他们知道父母之间有分歧，需要协商，这样会比较好，而让他们目击父母之间的互相攻击对孩子则没有好处。

由于生命的终结而产生的焦虑：神秘面纱下的谜团 / 159

跟孩子谈论死亡时，最好避免使用委婉语。

第 9 章　性和人类价值观：需要审慎处理的重要问题

父母自己对性的态度 / 166

不管父母未说出口的感觉是什么，孩子们都能感觉到，即使他们在言语中尽力掩饰自己的感觉。

性感觉的开始 / 167

在孩子一岁左右的时候，嘴巴是孩子认识世界的主要镜子，让它成为一面愉快的镜子吧。

性和如厕训练 / 168

不耐烦的训练结果只会适得其反、弄巧成拙。

回答问题 / 169

告诉孩子关于性的问题的合适年龄是当孩子开始问问题的时候。

裸体 / 172

最好是坦诚地承认他们这种好奇心，但是还是要坚持合理的隐私。

手淫 / 172

手淫是孩子性实验中的一个很自然的部分，但应该提醒孩子这些令人愉快的行为应该在私下进行。

禁止的游戏 / 173

我们平静、不令人惊恐的态度限制了孩子的性实验，而又不至于妨害孩子对性和爱的兴趣。

脏话 / 174

我们承认并尊重孩子的愿望和感觉，但是要限制并指导他们的行为。

同性恋 / 175

在和孩子谈论同性恋时，父母不应该进行价值判断或者进行道德上的暗示，要对孩子诚实，告诉孩子你所知道的最有用的知识。

性教育 / 176

十几岁的青少年希望尽可能地学习性的知识，他们被性的问题所烦扰，感到困惑。

分享孩子的性经历 / 176

父母应该鼓励他们十几岁的孩子要诚实对待性的感觉：当他们想说“不”的时候，不要说“是”。

成熟的爱 / 178

理智的爱，不管是男孩，还是女孩，都不会试图利用或占有对方。每个人都只属于他或她自己。

第 10 章　总结：如何养育孩子

养育的目标是什么？是帮助孩子成为一个正派的人，一个受人尊敬的人，一个富有同情心、能承担责任、关心他人的人。

当父母跟孩子说话时，如果把孩子当作医生似的，那么他们就不会激怒孩子。

当父母努力带着关心回应孩子时，回报是丰厚的，孩子听到了差别，学会了用同样的方式跟父母说话。

当受到孩子攻击时，不要回到对待孩子的老路上去，这需要技巧。这位妈妈没有让诺亚牵着她的情绪走，也没有减弱她继续练习所学方法的决心。

纪律：对感受要宽容，对行为要严格 / 183

对所有的感受、愿望、欲望和幻想，应该宽容对待，不管它们是积极的、消极的、还是矛盾的。像我们所有的人一样，孩子

无法禁止自己的感受。孩子需要一个清晰的界限：什么行为是可以接受的，什么行为是不可以接受的。没有父母的帮助，他们很难不依照他们的冲动和欲望行事。

智慧的起点是聆听。承认并不代表同意，这只是打开对话之门的一个表示尊重的方式，表示你认真对待孩子的话。

不要否认孩子的体会，不要驳斥他的感觉，不要否定他的愿望，不要嘲笑他的品味，不要贬低他的主张，不要污蔑他的人格，不要怀疑他的经历。相反，所有这些，我们都要承认。

要想减少敌意，父母应该给孩子提供体验独立的机会。孩子越自主，敌意就越少；孩子越自立，对父母的不满就越少。

在抚养孩子的过程中，明确的方向也可以帮助父母达到他们的目标。但是，除此之外，他们还需要运气和技巧。

有人可能会问："有了运气，为什么还需要技巧？"这是为了不要糟蹋了运气。

第1章

交流密码：
父母和孩子的对话

孩子的问题：隐藏的含义

和孩子对话是一门有规则的独特艺术，有它自己的含义。孩子在交谈时很少是无知的，他们的信息里经常有需要解读的密码。

十岁的安迪问他的爸爸：“在哈莱姆，有多少孩子被抛弃？”安迪的父亲是一个律师，他很高兴看到儿子对社会问题感兴趣，于是他就这个问题发表了一通长长的演说，然后又去查了数据。但是安迪还是不满意，继续问同样的问题：“在纽约被抛弃的孩子有多少？美国呢？欧洲呢？全世界呢？”

最后，安迪的爸爸终于明白了，他的儿子并不是关心社会问题，他关心的是个人问题。安迪问这些问题并不是出于对被遗弃孩子的同情，而是担心自己被遗弃。他并不是想得到被遗弃孩子的数字，而是想得到确认他不会被遗弃。

于是，爸爸仔细考虑了一下安迪的担心，然后回答道："你担心你的父母可能会像其他父母那样将你抛弃，我向你保证我们不会抛弃你，如果你再为此感到烦恼，告诉我，这样我才能帮你消除担心。"

南希五岁时，第一次去幼儿园，她的妈妈陪着她，她看着墙上的画，大声问道："谁画了这么难看的画？"南希的妈妈感到很尴尬，她不满地看着女儿，赶紧告诉她："把这些漂亮的画说成难看是很不友好的。"

一个明白南希问题含义的老师笑着说："在这儿，你没有必要一定要画漂亮的画，如果你喜欢，你也可以画简陋的画。"南希脸上露出了灿烂的笑容，现在她已经得到了她隐藏的问题的答案："如果一个女孩画画画得不好会怎么样呢？"

接下来，南希拿起一个坏了的玩具消防车，自以为是地问道："谁弄坏了这辆消防车？"她的妈妈回答说："谁弄坏了它跟你有什么关系呢？这儿你谁都不认识。"

事实上，南希并不是真的对那个名字感兴趣，她想知道弄坏玩具的孩子会有什么样的后果。理解了这个问题之后，老师给了一个适当的答复："玩具就是拿来玩的，有时候它们会坏，就是这样。"

南希看上去很满意。她面谈的技巧让她得到了必要的信息：这个大人很好，即使画画得难看，即使玩具弄坏了，她也不会马上生气，我不需要害怕，待在这里很安全。南希和她的妈妈挥手告别，走到老师身边，开始了她在幼儿园的第一天。

卡罗尔，十二岁，是一个容易紧张、容易掉眼泪的女孩，她最喜欢的表姐在这里和她一起度过了一个暑假之后要回去了，但是，不幸的是，她的妈妈对卡罗尔的悲伤一点也不理解。

卡罗尔（眼里含着泪水）：苏茜要走了，我又要独自一个人了。

妈妈：你会找到别的朋友的。

卡罗尔：我会很孤独。

妈妈：你会好起来的。

卡罗尔：哦，妈妈！（啜泣）

妈妈：你都已经十二岁了，还这么爱哭。

卡罗尔狠狠地瞪了她妈妈一眼，然后就跑回自己的房间里，关上了门。这件事本来应该有一个更愉快的结局。孩子的感受必须认真对待，即使情况本身并不严重。在卡罗尔妈妈的眼里，暑假结束后的一次分离可能是太小的一件事，不值得掉眼泪，但是她的反应不应该没有同情心。卡罗尔的妈妈可以对自己说："卡罗尔很难受，我应该尽力帮助她，让她知道我明白是什么让她伤心。我该如何做呢？把她的感觉再向她说出来。"因此，她说下面的任何一句话都行：

"没有苏茜会很孤单的。"

"你已经开始想她了。"

"当你们习惯在一起的时候，分开是很痛苦的。"

"没有苏茜在，这房子对你来说大概看上去空荡荡的。"

这样的回答会让父母和孩子之间产生亲密之感。当孩子感到被理解时，他们的孤独和伤痛就会减少。当孩子被理解时，他们对父母的爱也更深了。对孩子受伤的情感来说，父母的同情是情感上的急救药。

当我们诚恳地承认孩子的困境，说出他们的失望时，孩子常常会获得面对现实的力量。

七岁的艾丽丝打算下午和她的朋友李一起玩，但是，她突然想起来，这个下午她所在的女童子军小队有活动，她一下子就哭了起来。

妈妈：哦，你很失望吧，你很想今天下午和李一起玩。

艾丽丝：是的，为什么童子军不能在另一天活动呢？

艾丽丝止住了眼泪，她给李打电话，约了其他时间，然后去换衣服，准备去参加童子军活动。

艾丽丝的妈妈对女儿的失望的理解和同情，帮助艾丽丝处理了生活中无法避免的冲突和失望。她同情并理解艾丽丝的感觉，真实地反映了艾丽丝的愿望，她并没有轻视这件事情，她没有说："这有什么好激动的！你可以改天和李玩，这有什么大不了的？"

她更是避免了这样的陈词滥调："唔，你不能同时在两个地方。"她既没有谴责，也没有责备："你明知道星期三是童子军活动日，怎么还打算跟朋友玩呢？"

下面一段简短的对话说明了爸爸是如何消除儿子的怒气的，他只是简单地承认了儿子的情绪和抱怨。

大卫的父亲上夜班，当妈妈在白天上班时，父亲就照料家里。一天，当父亲购物以后回到家时，发现八岁的儿子怒气冲冲的。

父亲：我看到一个生气的男孩。事实上，我看到了一个非常生气的男孩。

大卫：我很生气，事实上，我非常生气。

父亲：为什么？

大卫（非常小声）：我想你，我从学校回家后，你从来都不在家里。

父亲：我很高兴你告诉了我，现在我知道了，你希望从学校回家后我在家里。

大卫拥抱了一下父亲，然后出去玩了。大卫的父亲知道如何改变儿子的情绪，他并没有说明自己不在家的理由，来为自己辩护："我要去买东西，如果我不买食物，你吃什么呢？"他也没有问："你为什么生气？"他采取的做法是承认儿子的情绪和抱怨。

大多数父母试图说服孩子，想让孩子知道他们的抱怨很不公平，他们的想法是错误的，父母们意识不到这种做法没有用，这样做只会导致争论和气愤。

十二岁的海伦从学校回到家，很心烦的样子。

海伦：我知道你会很失望的，我的考试只得了 B，我知道得 A 对你很重要。

妈妈：但是我真的不介意，你怎么能这么说呢？我对你的成绩一点也不失望，我觉得 B 也挺好的。

海伦：那么为什么每次我考不到 A 时你总要冲我大叫呢？

妈妈：我什么时候冲你叫过啊？是你自己觉得失望，于是迁怒于我。

海伦哭了起来，跑出了房间。尽管海伦的妈妈知道，女儿不但不承认自己的失望，反而转过头来责备妈妈，但是，指出这一点并且和女儿争论并不能使女儿心里更好受些。如果海伦的妈妈承认女儿的感受，那结果会好得多，她可以这么说："你希望我不要太看重你的分数，你希望能够自己决定什么分数对自己是好的，我明白。"

不仅是孩子，哪怕是陌生人，也会感激我们对他们的困境所表现出来的同情。格拉夫顿女士说她不喜欢去她工作的银行："里面通常都很拥挤，经理的行为使你感到，好像他在那儿待着就是帮了我大忙似的。每次我到他那儿去的时候都会很紧张。"一个星期五，她不得不拿着一张支票去让经理签字，当她听着他和其他人说话的态度时，她开始变得心烦焦急，但是随后她决定设身处地地为他想一想，然后她通过表达出来并承认他的感受表示了她对他的理解："又是一个艰难的星期五！每个人都要求你的关注，现在甚至还不到中午。我真不知道你要怎么熬过这一天。"经理的脸上马上放光了，她第一次看到他的笑容。"哦，是的，我总是很忙，每个人都要求先处理他们的事情。你要我做什么？"他不仅签了支票，还和她一起到出纳员那里，好让事情办得更快一点。

毫无效果的对话：
说教和批评产生距离和怨恨

父母常常因为跟孩子的对话而感到失望，因为他们毫无头绪，就像那段著名的对话所说的那样。"你要去哪儿？""出去。""干什么？""不干什么。"那些想努力讲道理的父母很快发现这样会让人疲乏不堪，就像一个母亲说的那样：“我一直努力地跟孩子讲道理，说到我脸都绿了，但是他还是不听我说，只有我冲他喊时，他才会听我说。”

孩子经常拒绝跟父母对话，他们讨厌说教，讨厌喋喋不休，讨厌批评，他们觉得父母的话太多了。八岁的大卫对他的妈妈说：“为什么我每次问你一个小问题，你都要给我那么长的答案？”他向他的朋友倾诉说：“我不跟我妈妈说任何事情，如果我跟她说，我就没有时间玩了。”

一个对此很感兴趣的研究者无意中听到一段父母和孩子的谈话，他惊奇地发现，他们两个人几乎都不听对方在说什么，他们的谈话更像两段独白，一段充满了批评和指令，另一段则全是否认和争辩。这种沟通的悲剧不是因为缺乏爱，而是缺乏相互尊重；不是缺乏才智，而是缺乏技巧。

我们日常的语言，对于跟孩子有意义的交流来说是不适当的。要想和孩子沟通，减少父母的失望，我们需要学习用关心的方式跟孩子交谈。

沟通：针对孩子的感受做出反应，而不是针对其行为

和孩子沟通要建立在尊重的基础之上，另外，还要有技巧：需要同时照顾孩子和父母的自尊；要先说出表示理解的话，然后再提出建议或意见。

埃里克，九岁，怒气冲天地回到家里，他的班级本来打算去野餐，但是下雨了。他的父亲决定用一种新的方法。以前他

总是说一些让事情变得更糟的话："天气不好，哭是没有用的。以后会有玩的时候。又不是我让它下雨的，你为什么要冲我发火？"

但是，这一次，埃里克的父亲没有这么说，他心里想：我的儿子对错过了野餐反应很强烈，他很失望，他用怒气向我表现他的这种失望，我可以帮助他的，只要对他的感受表示理解和尊重。于是，他对埃里克说："你看上去很失望。"

埃里克：我当然很失望了。

父亲：你已经准备好了一切，该死的却下雨了。

埃里克：是的，正是这样。

这时，出现了短暂的沉默，然后埃里克说："哦，不过，可以以后出去玩。"他的怒气看起来消失了，在下午余下的时间里，他都很合作。通常，只要埃里克生气地回家，一家人都会心烦，迟早他会激怒家中的每个成员，直到深夜他终于睡着了，家里才能重回宁静。这个方法有什么特别之处呢？它在哪些地方产生了作用？

当孩子处于强烈的情感中时，他们听不进任何人的话。他们不会接受任何意见或安慰，也无法接受任何建设性的批评。他们希望我们能够理解他们心里在想什么，希望我们明白在那个特别的时刻他们的心情。而且，他们希望不用完全说出自己的遭遇，我们也能够理解他们。他们的情绪只会透露一点点，我们必须猜出剩下的部分。

如果一个孩子跟我们说："老师冲我嚷嚷。"我们不必再问更多细节，也无需说："你干了什么事让老师这样对你？如果老师冲你嚷嚷，那你一定做了什么。你做了什么？"我们甚至不必说："哦，我很抱歉。"我们需要向她表明，我们理解她的痛楚、尴尬和气愤。

安妮塔，八岁，一天回家吃午饭时生气地说："我不要回学校了。"

妈妈：你看上去很烦，能告诉我怎么了吗？

安妮塔：老师把我的卷子撕了，我那么努力地答题，她居然只看了一眼就撕了。

妈妈：没有得到你的允许吗？怪不得你这么生气呢！

安妮塔的妈妈没有发表任何评论，也没有提出任何疑问。她知道，如果她想帮助女儿消除怒气，就必须带着理解和同情跟她说话。

还有一个例子：九岁的杰弗里从学校回来，看上去很不开心，他抱怨说："老师让我们的日子很难过。"

妈妈：你看上去很累。

杰弗里：两个孩子在图书馆里吵闹，她不知道是哪两个，于是就罚我们所有的人站在大厅，几乎站了一天。

妈妈：全班同学一天不上课，就那么静静地站在大厅里？怪不得你看上去那么累了。

杰弗里：但是我跟她说了，我说："琼斯小姐，我相信你能找到吵闹的那两个学生，所以你不用惩罚我们所有的人。"

妈妈：天哪，一个九岁的孩子来帮助老师认识到，因为少数人的行为不端而惩罚全班的人是不公平的！

杰弗里：我没有帮上什么忙，不过至少她笑了，那是今天她头一次笑。

妈妈：嗯，你没有让她改变主意，不过你确实改变了她的情绪。

通过聆听、尊重儿子的感觉，承认他的想法，并且对他试图解决问题的努力表示赞赏，杰弗里的妈妈就这样帮助儿子平息了怒气。

我们怎样知道孩子的心情呢？我们应该看着他们，听他们说话，还可以利用自己的情感经历。我们知道孩子在人前感到羞愧时的感觉，我们要告诉孩子我们理解他们的感受。下面的任何表达都会起到作用：

“那一定非常尴尬。”

“那一定让你很生气。”

“那个时候你一定很恨老师。”

“那一定很伤你的心。”

“对你来说真是糟糕的一天。”

但是，不幸的是，当遇到孩子行为不当时，家长往往意识不到是因为不安的情绪导致了那样的行为。在纠正他们的行为前，一定要先处理他们的情绪问题。

十二岁的本的妈妈讲述道：“昨天我下班回到家，还没来得及脱掉外衣，我的儿子，本，就从他的卧室里冲出来，开始向我抱怨他的老师：‘她布置的家庭作业太多了，我一年也做不完，我怎么可能在明天早上之前写完这首诗呢？我还有上个星期的一篇短文没有完成呢，她今天朝我高声嚷嚷，她一定恨死我了！’

“我马上失去冷静，冲他喊道：‘我的老板和你的老师一样可恶，但是你听到我抱怨了吗？怪不得老师冲你喊，你从来不能按时完成家庭作业，你就是懒，不要再抱怨了，赶紧开始做作业，不然你一定会不及格。'”

“你发完火之后发生了什么？”我问道。

“唔，我儿子怒气冲冲地上楼去了自己的房间，锁上门，不肯下来吃晚饭。”

“那么你感觉如何呢？”我问。

“糟透了，整个晚上都被毁掉了，每个人都很烦躁，气氛很压抑，我觉得很内疚，但是不知道该怎么办。”

“你觉得你儿子会怎么想？”我又问。

“可能很生我的气吧，害怕老师，沮丧、无望、心烦、无法集中精神。我对他没什么帮助，但是当他抱怨而不愿意负责任时，我就受不了。”

本原本可以说出他的感觉，而不是抱怨，那么这件不愉快的事就可以避免了。他可以这么说：“妈妈，我害怕明天去学校，我必须完成一首诗和一篇短文，但是我很心烦，无法集中精神。”他的妈妈可以同情她的儿子，承认他的困境，她可以带着情感咕哝一声，然后说：“唔，你担心明天早上之前写不完一首诗和一篇短文，怪不得你觉得着急呢。”

但是，不幸的是，不管是我们，还是孩子，都没有养成向对方敞开心扉的习惯，甚至我们常常不知道自己的感受以及如何去感受。

当孩子遇到难题时，他们通常会生气，然后把他们的窘迫迁怒于他人，而这常常激怒父母，然后父母就责怪孩子，说一些事后会觉得后悔的话，可问题还是没有得到解决。

既然让孩子说出自己的感受很难，那么如果父母能够学会倾听在他们愤怒的外表下所隐藏的担心、失望和无助，将会有很大的帮助。父母不要只针对孩子的行为做出反应，而是要关注他们心烦意乱的情绪，帮助他们应付难题。只有当孩子的心情平静时，他们才能正确地思考，才能做出正确的举动——在上面这个例子中，正确的举动就是集中精神，集中注意力，能够听得进别人的话。

“这样想是不对的”这句话并不能平息孩子强烈的情绪，或者父母试图说服他们“没有理由那么想”也是无用的。禁止并不能使强烈的情绪平息，但是如果听他们说话的人接受他们的想法，并表示同情和理解，那么他们情绪的强烈程度就会减弱，身上锐利的尖刺就会消失。

这段话不仅适用于孩子，同样也适用于成年人。下面摘录一段父母讨论小组的话，就正说明了这样的情况：

组长：假设现在是一个早晨，一切事情都好像乱套了。电话铃响了，孩子在哭，在你发现之前，面包也烤焦了，这时你的配偶看着烤面包机说：“天哪！你什么时候才能学会烤面包？”你怎么回答？

A：我会把烤面包扔到他脸上！

B：我会说：“你自己烤你那该死的面包吧！”

C：我会很伤心，只有哭。

组长：你配偶的话让你对他或她怎么想？

父母们：气愤，憎恨，不满。

组长：你介不介意重新烤一炉面包？

A：除非我下点毒药进去！

组长：你觉得你这一天会怎样？

A：整天的心情都会被破坏了！

组长：假设同样的情形：面包烤焦了，但是你的配偶看着

整件事情，然后说："哎呀，亲爱的，对你来说这真是一个倒霉的早晨：孩子，电话，现在又轮到面包。"

B：我会感觉很愉快。

C：我会很开心，会拥抱他，亲吻他。

组长：为什么？孩子还是在哭啊，面包还是一样烤焦了啊。

父母们：那没关系。

组长：是什么原因让你们感觉不同？

A：你没有被批评，你会很感激。

组长：你会有怎样的一天呢？

C：开心、欢快的一天。

组长：现在给你们第三个场景：你们的配偶看到面包烤焦了，平静地对你说："亲爱的，让我来向你展示一下如何烤面包吧。"

B：噢，不，那比第一个还糟糕，让我觉得自己很蠢。

组长：现在，让我们看看对烤面包事件的三种不同处理方法如何应用在我们和孩子的相处中。

A：我明白你的意思了。我总是对孩子说："你已经长大了，该懂得这个了，该懂得那个了。"这一定让我的孩子很生气，而通常他也确实很生气。

B：我总是对我的女儿说："让我来做给你看，做这个做那个。"

C：我总是被批评，都习惯了，因此对我来说也是很自然的事，而我说的那些话正是当我还是小孩子时我妈妈对我说的话，我为此很恨她。我从来没有做对过一件事，她总是让我一遍遍地做。

组长：现在你发现你自己对你的女儿说同样的话？

C：是的，我根本就不喜欢这样说，我那么说时也讨厌我

自己。

组长：现在，我们看看从烤面包事件中能学到什么。当我们对心爱的人有了不好的感觉时，如何才能帮助我们改变这种感觉呢？

B：有人能够理解你。

C：不责怪你。

A：不用告诉你如何改进。

这篇短文（摘自吉诺特的《对待孩子的集体精神疗法》）说明了语言的力量，它能够产生敌意，也能够制造快乐。这个故事的寓意在于我们的反应（语言或情绪）能够对我们的家庭气氛产生显著不同的影响。

谈话的原则：理解和共鸣

当孩子说起或询问一件事情时，最好的反应通常是不要针对事件本身，而是要针对事情暗示的联系。

六岁的弗洛拉抱怨说，最近她收到的礼物比哥哥的少，她的妈妈并没有否认她的抱怨，也没有对弗洛拉解释说哥哥年长，应该收到更多的礼物，她也没有保证纠正这个错误。她知道，孩子真正关心的是他们和父母关系的深度，而不是礼物的大小和数量。弗洛拉的妈妈说："你担心我爱你是不是跟爱他那样多？"她没有再多说一句话，而是紧紧拥抱了弗洛拉，弗洛拉惊喜地笑了。这就是这段谈话的结束，而它原本可能会变成一段无休止的争论。

许多孩子的问题的真正意图，是他们对放心的渴望。对于这样的问题，最好的回答就是向孩子保证我们对他们永久不变的爱。

当孩子讲起一件事时，不要就事情本身回应他，而是要就孩子对这件事的感受做出回应，这样通常比较有效。七岁的格洛里亚回家时心情很不好。她告诉父亲，她的朋友多丽是如何从人行道被推到积满雨水的沟里去的。她的父亲没有追问事件详细的情形，也没有威胁说要惩罚冒犯多丽的人，他就女儿的感受回答了她，他说："这件事一定让你很不舒服，你当时一定对做这件事的男孩子很生气，现在你还在生他们的气呢。"

对这些话，格洛里亚深有感触地回答说："是的！"当她的父亲说："你担心他们也会这么对你吗？"格洛里亚斩钉截铁地回答道："让他们试试！我会把他们一起拖下水，那一定会溅起水花呢！"她想像着那幅画面，然后大笑起来。这段谈话以开心结束，它原本可能会成为一场应该如何帮助多丽自卫的、毫无用处的、冗长的说教。

当孩子回到家，不停抱怨他的朋友、老师，或者生活时，最好顺着他的语气回应他，而不要先试图查明事件的真相。

十岁的哈罗德回到家就开始发脾气、抱怨。

哈罗德：多么痛苦的生活啊！老师说我是骗子，只是因为我告诉她我忘了家庭作业，她冲我嚷嚷，她确实在嚷！她说她要给你写条子。

妈妈：你今天很倒霉。

哈罗德：确实是的。

妈妈：在全班同学面前被叫作骗子一定让你尴尬极了。

哈罗德：确实很尴尬。

妈妈：我打赌你心里一定骂了她几句！

哈罗德：是的！你怎么知道？

妈妈：当有人伤害了我们时，我们通常都会这么做。

哈罗德：我感觉轻松多了。

当孩子发现他们的感受是正常人经历的一部分时，他们会感到深深的安慰。传达这种安慰的最好办法就是理解他们。

当孩子对自身做评价时，通常不要只是以赞同或不赞同来回答他，而要用具体的细节来表达超出孩子期望之外的理解。

一个孩子这样说："我的算术不好。"如果你告诉他："是的，你对数字的反应很糟糕。"这样说是没多大帮助的，驳斥他的观点也没有用，或者给他一些肤浅的意见，如"如果你再用功一点，会好一些的"也没有用，这些轻率的好意只会伤害他的自尊，这种直接的教训只会降低他的自信。

你可以用诚挚和理解来回答他说的"我的算术不好"，下面任何一句回答都行：

"算术是一门很难的课程。"

"有些题目很难解答。"

"老师的批评不会让算术变得容易些。"

"算术让人觉得自己很愚蠢。"

"我敢断定你一定希望快点下课。"

"下课时，你会感觉安心的。"

"考试时一定特别难熬。"

"你一定很担心不及格。"

"你一定很担心我们会怎么想。"

"你一定很担心我们会对你失望。"

"我们知道有些课目是很难的。"

“我们相信你会尽力的。”

一个十二岁的女孩说，当她拿着不及格的成绩单回家，她父亲用如此理解的态度跟她说话时，她几乎要晕倒，她在心里说，我一定要对得起父亲对我的信任。

只要时间一长，几乎所有的父母都会听到自己的女儿或儿子宣称：“我很笨。”父母当然知道他不笨，于是他们开始说服他，让他相信自己是聪明的，就像下面这位父亲做的一样：

查尔斯：我很笨。

父亲：你不笨。

查尔斯：我就是很笨。

父亲：你不笨。记得你在夏令营时多聪明吗？辅导员认为你是最聪明的人之一。

查尔斯：你怎么知道他怎么想？

父亲：他告诉我的。

查尔斯：是么，那么他为什么总是说我笨？

父亲：他只是在开玩笑。

查尔斯：我是很笨，我知道，看看我在学校的分数。

父亲：你只是需要更用功一点。

查尔斯：我已经用功多了，但是还是一点用都没有。我没长脑子。

父亲：你很聪明，我知道。

查尔斯：我很笨，我知道。

父亲（大声地）：你不笨！

查尔斯：我就是笨！

父亲：你不笨！笨蛋！

如果一个孩子说自己很笨，或者很丑，或者很坏时，我们无法说出一些话或做一些事能让他立刻改变对自己的看法。一个人对自己根深蒂固的看法，通常无法直接改变。就像一个孩子对他父亲说的那样："爸爸，我知道你是对我好，但是我还没蠢到把你的话当真的程度。"

当孩子表达了对自己消极、否定的看法时，我们的否定和反对对他没什么帮助，他们会更坚定地确信自己的看法，我们能给予的最大帮助就是告诉他，我们不仅理解他的感受，还理解他的特别的暗示。例如：

伊凡：我很笨。

父亲（认真地）：你真的那么觉得吗？你不觉得你很聪明？

伊凡：不觉得。

父亲：那么你心里一定很难过？

伊凡：嗯。

父亲：在学校里，你一定非常担心时间，担心不及格，担心分数低。当老师叫你回答问题时，你一定很慌乱，甚至即使知道答案，你也无法正确说出来，你怕你的话听起来很愚蠢……老师会批评你……同学会笑话你。所以，很多时候，你宁愿什么也不说。我想你大概记得你说了什么而大家笑话你的情景，这让你觉得自己很愚蠢，同时也觉得受到了伤害，很生气。（这时，孩子可能会告诉你一些他的经历。）

父亲：看，儿子！在我眼里，你是优秀的，只是你自己有不同的看法。

这段对话可能并不会使孩子立刻改变对自己的看法，但是可能会在他心里埋下怀疑的种子，怀疑自己是不是真的那么无能。他可能会在心里想：如果爸爸理解我，认为我是一个优秀的人，那么可能我并不是那么没用。这段谈话产生的亲密可能会让儿子要努力地无愧于父亲对他的信任，最终，他会逐渐发现自己身上的许多优点。

当孩子说“我总是运气不好”时，争论和解释都无法改变他的想法。我们每举出一个关于好运的例子，他都会提出两件不幸的事来反驳。我们所能做的就是，让他看到我们非常理解他有这种想法的感受：

安娜贝尔：我的运气总是不好。

妈妈：你真的那么想？

安娜贝尔：是的。

妈妈：所以当你参加一个比赛的时候，你心里会想：我不会赢的，我没有那个运气。

安娜贝尔：是的，我就是那么想的。

妈妈：在学校里，如果你知道答案，你会想，今天老师不会叫我回答问题的。

女儿：是的。

妈妈：我想你可以告诉我更多的例子。

安娜贝尔：当然，就像……（孩子举了一些例子。）

妈妈：你对运气的想法我觉得很有意思，如果发生了你认为运气不好的事情，或者运气好的事情，来告诉我，我们可以讨论讨论。

这样的谈话可能不会改变孩子相信自己运气不好的想法，但是，她可能会觉得有这样一个通情达理的妈妈是多么幸运的一件事啊！

鱼儿会游泳，鸟儿会飞翔，人会感知：混乱的感受，混乱的信息

孩子爱我们，同时也怨恨我们。他们对于父母、老师以及任何可以管教他们的人都有两种态度。父母发现要接受这种又爱又恨的矛盾感情很困难，他们自己不喜欢这样，也不能容忍自己的孩子有这种想法。他们认为对人又爱又恨在情感上天生就是错误的，特别是对家人而言。

我们可以学着接受我们自己内心以及孩子心中的这种矛盾情感。为了避免不必要的冲突，孩子应该知道这样的感情是正常的、自然的。通过承认孩子的这种矛盾情感，并表达出来，可以减少孩子的内疚和焦虑。

“你似乎对老师有两种不同的看法，你既喜欢她，又讨厌她。”

“你似乎对你哥哥有两种情感，一方面你敬爱他，另一方面又讨厌他。”

“对这件事你有两种想法：你既想去参加夏令营，又想待在家里。”

对孩子的矛盾情感保持平静的、不批评的态度对孩子有好处，因为这样做传达给他们一种信息：即使是这样混合的情感也是能够被理解的。就像一个孩子说的：“如果我的这些混乱的情绪能够被理解，那么它们就不是那么混乱的。”另一方面，下面的话是毫无帮助的：“孩子，你的思路很混乱！你一会儿

喜欢你的朋友，一会儿又讨厌他。下定决心，如果你有决心的话。”

对人类本性更高深的考察考虑到了这种可能性：有爱就会有恨，有尊重就会有嫉妒，有奉献就会有对抗，有成功就会有担忧。需要睿智才能意识到这些感觉都是真实的：不管是积极的、消极的，还是既积极又消极的矛盾心情。

要从内心接受这样的概念并不容易，我们儿时的教育和成年之后的教育都倾向于从相反的一面教导我们。我们被教导说消极的情绪是“不好的”，我们不应该那么想，我们应该为那样的想法感到羞愧。而新的方法认为只能针对具体的事实下判断，不能对那些想像中的“不好的”“好的”事实妄加评论。只有行为才能受到谴责或表扬，而感受不能、也不应受此对待。对感觉下判断，或者对幻想横加指责，不但妨碍个人自由，也会对精神上的健康造成伤害。

情感是遗传的一部分。鱼儿会游泳，鸟儿会飞翔，人会感知。我们有时开心，有时不开心，但是，我们的生活中一定会有这样的时刻：我们感到愤怒、恐惧、悲伤、开心、贪婪、内疚、渴望、不屑、喜悦、厌恶。尽管我们无法随意地选择这些情绪，但是，倘若我们知道它们是什么，我们就可以根据自己的意愿选择何时以及如何表达出来，这是问题的关键。许多人被教育得不知道自己的真实想法是什么，当他们感到憎恨时，被告知说那只是不喜欢而已；当他们感到害怕时，又被告诉说没什么好害怕的；当他们感到痛苦时，教育建议他们要微笑着勇敢面对。我们中的许多人被劝诫在不开心的时候要强作欢颜。

在以上的这些矫饰中我们真正该做什么呢？说实话。情感教育可以帮助孩子知道他们的真实想法。对孩子来说，知道他怎么想，远比知道他为什么会这么想要重要。当他确确实实知道了他内心的真实感受时，他的内心就不太可能觉得“一团糟”。

映射情感：说出孩子的感觉有助于他们理解自己是怎么想的

孩子看着镜子中自己的影像，从而得知自己长什么样；通过听到映射到他们身上的感觉，从而了解自己的情感。镜子的功能就是反射影像本来的样子，既不谄媚，也不挑剔。我们不希望镜子告诉我们：“你看上去糟糕透了。你双眼充血，脸颊肿胀，总之，你乱糟糟的。你最好收拾一下自己。”在这样的魔镜面前露几次面，我们大概会把它当成瘟疫一样避之不及了。对着一面镜子，我们需要的是影像，不是说教。我们可能不喜欢所看到的影像，但是我们还是宁愿自己决定下一步的化妆措施。

情感的镜子功能与普通镜子类似，就是要把情感原原本本地映射出来，不变形。

“你看上去很生气。”

“听起来你非常恨他。”

“看起来你好像很讨厌整件事情。”

对于有上述情绪的孩子，这样的话是最有帮助的。它们清晰地显示了他或她的情绪。透明清晰的影像，不管是在穿衣镜里，还是在情感的镜子里，都能够提供机会让本人自发地修饰和改变。

作为成年人，我们都曾经感到伤心、愤怒、害怕、困惑或者痛苦。在这样情绪激动的时刻，没有什么比一个人的聆听和理解更让人觉得安慰的了。对我们成年人是这样，对孩子也是这样。要用关心的交流取代批评、说教和意见，用人与人之间的理解去给予孩子慰藉，帮助他们康复。

当我们的孩子感到苦恼、害怕、困惑或者痛苦时，我们很自然地会匆匆给出评价和意见，通常会明白无误地说出来——即使不是故意的——“你太迟钝了，不知道该怎么做。”这简直是雪上加霜，在孩子原先的痛楚之上又增加了新的伤害。

有更好的方法。如果我们给予孩子时间和同情，理解他们，我们就向孩子传达了一个完全不同的信息：“你对我很重要，我希望能明白你的感受。”在这个重要信息背后是一种保证：“一旦你平静下来，你会找到更好的解决方法。”

第 2 章

语言的力量：
鼓励和指导的更好方法

在心理疗法中，从不会对孩子说“你是个好孩子”或者“你很棒”。判断和评价性的赞扬都是要避免的。为什么？因为那样没有用，那些话会使孩子产生焦虑，助长孩子的依赖性，唤起孩子的防御心理，对培养孩子自立、自我指导、自我控制的能力以及不受外界看法影响的品质没有帮助。他们需要依赖自己内心的激励和评价。孩子需要免受评价性赞扬的压力干扰，这样孩子才不会总是向其他人寻求认可。

称赞对孩子不再有用了吗？

有时，孩了的不当行为会发生在完全意料不到的场合。

这是感恩节周末过后的星期一的早上，一家人正开车从匹兹堡回纽约的家。在车子的后座上，六岁的伊凡静静地坐在那里，陷入了沉思，像个天使。他的妈妈心里想，应该表扬他一下。当他们驶入林肯隧道时，她转过身对伊凡说："伊凡，你真是个好孩子，你乖极了，我为你骄傲。"

片刻之后，伊凡拿出一个烟灰缸，把里面的东西一个个扔向爸爸妈妈，烟灰和烟蒂不停地扔过来，就像原子尘一样。交通很拥挤，一家人都堵在隧道里，被烟灰呛得无法呼吸。伊凡的妈妈恨不得杀了他，而最让她心烦的是她刚刚夸过他。她问自己：称赞对孩子不再有用了吗？

几个星期之后，伊凡自己说出了他那么做的原因。在回家的路上，他一直都在考虑如何摆脱他的弟弟，他的弟弟正靠在爸爸和妈妈中间。最后他冒出了一个念头，如果车从中间折断，他的爸爸和妈妈会没事，但是他的弟弟会被切成两半。就在这时，妈妈夸他乖，这样的夸奖让他觉得很惭愧，于是他就不顾一切地表现出自己不配那个夸奖的样子来。他看了看四周，看到了那个烟灰缸，于是后来的事情就立刻发生了。

夸奖就好吗？

大多数人相信夸奖可以建立孩子的自信，让他们有安全感。但是，实际上，夸奖可能导致紧张和行为失当。为什么会这样？许多孩子经常会有针对家庭成员的破坏性愿望，当父母跟孩子说"你真是个好孩子"时，他可能无法接受，因为他对自己的想法是完全不同的。在他自己看来，他希望妈妈消失，或者希望哥哥下个星期在医院里度过，这样的他可没法说是"好孩子"。事实上，夸奖越多，他的不端行为可能就越多，因为他想显示出他的"真我"。父母们经常说就在刚刚夸了孩子乖之后，他们就开始变野了，好像就是为了反对赞扬似的。行为不端可能是孩子对于自己的公众形象表达自己的保留态度的一种方式。

如果孩子被称赞聪明，那么他很可能不大愿意接受富有挑战性的学习任务，这种情况并不反常，因为他们不想冒险而失去高分。相反，如果对孩子付出的努力进行夸奖，那么他们可能对于艰难的任务会更加坚持不懈。

令人满意和令人不快的称赞

称赞，就像青霉素一样，绝不能随意用药。使用强效药有一定的标准，需要谨慎小心，标准包括时间和剂量，需要谨慎小心是因为可能会引起过敏反应。对于精神药物的施用也有同样的规则。最重要的一条规则就是：只能夸奖孩子的努力和成就，不要夸奖他们的品性和人格。

当孩子打扫了院子之后，说他辛苦了，或者院子看上去多么棒啊，只有这样的评论才是平常的、自然的，而夸他是个多好的人几乎毫不相干，也不适宜。赞美的话语应该让孩子看到他的成绩的真实情况，而不是他品格的扭曲变形。

下面就是一个让人满意的有关称赞的例子：八岁的朱莉很努力地把院子打扫干净了，她用耙子把树叶耙拢，把垃圾运走，并且把工具重新摆放好。妈妈很感动，对她的努力和成绩表示了感激和欣赏：

妈妈：院子原来太脏了，我不相信一天就可以把它收拾干净。

朱莉：我做到了！

妈妈：院子里原先都是树叶和垃圾，还有其他东西。
朱莉：我把它们都打扫干净了。
妈妈：一定费了你很大劲！
朱莉：是的，我确实费了很大劲。
妈妈：现在院子好干净啊，看着都开心。
朱莉：它现在很漂亮。
妈妈：你愉快的笑容告诉我你很自豪，谢谢你，亲爱的。
朱莉（灿烂地笑着）：不客气。

朱莉妈妈的话让朱莉为自己的劳动感到高兴，为自己的成绩感到骄傲。晚上，她迫不及待地等父亲回来，就是为了向他显示一下干净的院子，好在心里再次重温一下对出色工作的骄傲。

与此相反，下面对孩子品格的赞美之词是无益的：

“你真是个好女儿。”
“你真是妈妈的好帮手。”
“没有你，妈妈该怎么办呢？”

这样的评价可能会吓着孩子，让他们感到不安。她可能觉得自己离一个好女儿还差得远呢，配不上这样的称呼。因此，她可能会决定马上减轻自己的负担，用行为不端来坦白，而不是不安地等待曝光自己原来是个骗子。对品格的直接赞美就像直射的阳光，让人很不舒服、很刺眼。当一个人听到别人赞美自己出色、像天使一样可爱、慷慨大方、谦恭有礼时，是一件很尴尬的事情。她觉得需要至少否认部分赞美。在公共场合，她无法站起来说：“谢谢，我接受你的赞美，我是出色的。”私下场合她也无法这么说，因此她必须拒绝这样的赞美。她无法在心里坦白地对自己说："我是出色的""我是很好的""我是坚强的""我是慷慨的"或者"我是谦逊的"。她可能不仅仅是反对这些赞美，很可能还会对赞美她的人产生不好的想法：如果他们觉得我这么棒，那么他们一定不太聪明。

学会称赞的步骤

称赞包括两个部分：我们对孩子说的话，以及孩子听了我们的话后在心里跟自己说的话。

我们的话应该明确表明，我们很喜欢、很欣赏他们的努力、帮助、工作、体谅、创造或者成就。我们的话应该让孩子能对自己的品格有一个现实的看法。我们的话应该像一块有魔法的帆布，这块布虽然不能给孩子提供帮助，但是，能让他们给自己画一幅正面的画像。

八岁的肯尼帮他父亲修补地下室，其间他搬动了一件很重的家具：

父亲：工作台很重，搬起来很吃力。

肯尼（骄傲地）：但是我搬动了。

父亲：那需要很大力气。

肯尼（弯起胳膊显示出他的肌肉）：我很强壮。

在上面这个例子里，肯尼的父亲只是对工作的难度做了评价，是肯尼自己对他的个人力量得出了结论。如果他父亲说："儿子，你很强壮。"肯尼可能会回答："不，我并不强壮，班上比我有力气的男生有的是。"而随之而来的很可能就是一场毫无结果——尽管未必痛苦——的争论。

当我们希望孩子好受点时，通常就会称赞他们。可是为什么当我们对女儿说“你很漂亮”时，她会否认呢？为什么当我们对儿子说“你非常聪明”时，他很尴尬地走开呢？是我们的孩子太难取悦，甚至连赞美都不起作用了吗？当然不是。最可能的原因是：我们的孩子跟大多数人一样，对于赞美他们品格、身体或精神的话不知如何反应。孩子不喜欢被评定。

如果每个月末，宣称爱我们的人给我们一个评定，我们会怎么想？“如果你得了A，就亲你一下；如果得了B，就拥抱你一下；而如果你得了A+，我就会很爱你。”我们会感到心烦意乱、情绪低落，而不会觉得被爱。

比较好的方法是：表达中要充满欣喜和赞赏，言辞中要传达对孩子的努力的承认、尊重和理解。

十三岁的琼晚上一个人独自在家，一个小偷企图破门而入，琼打电话给邻居，但是没人接，于是她打电话报了警。

当她的父母回到家时，发现一个警察正在给琼录口供。妈妈和爸爸都对琼处理这起可怕的事件时采取的成熟理智的方法留下了深刻印象。

但是他们没有称赞她是一个非凡的孩子，也没有说她多么成熟老道，而是跟她详细谈论了当时的情景，并且对她采取的有效措施表达了极大的赞赏。

琼的父亲对她说：“你的行为正好符合海明威对勇气的定义：‘压力下的风度’。看到一个十三岁的孩子在紧急情况下能够保持冷静，采取必要措施保护自己：打电话给邻居，然后报警，给警察提供必要的细节。这是多么让人钦佩啊！我和妈妈对你都非常敬佩。”

琼听了他的话，开始放松下来，脸上露出了灿烂的笑容，然后说："我想你可以说我正在学习如何应付生活。"

由于父母的反应，琼并没有抱怨她被一个人留在家里。相反，她从这件可怕的事件中走了出来，并且增强了自信。

还有一个例子：莱斯特的妈妈一下午都在看儿子打橄榄球。比赛结束后，她希望告诉儿子她对他技术和成绩的赞赏，她详细描述了给她留下深刻印象的场景："今天下午看你打橄榄球真是开心，特别是最后十分钟，你看到了一个得分的机会，你从防守的位置一直跑到场地的另一端，打进了致胜一球，你一定觉得自豪极了！"

她加上了一句"你一定觉得自豪极了"，因为她希望他能培养内心的自豪感。

一位父亲在耙树叶，他让六岁的女儿詹妮弗过来帮忙把树叶堆起来。当他们干完之后，父亲指着树叶堆说："一、二、三、四、五、六！半个小时堆了六堆！你怎么能做到这么快的？"晚上，詹妮弗对父亲道了晚安之后，她请求道："爸爸，你能再跟我说一遍我堆的树叶堆吗？"

称赞的时候要做明确、详尽的描述，这需要一点努力才能做到，但是孩子能从这些信息和赞赏中受益，远比那些对品格的评价要有效得多。

乔治的妈妈在她儿子的吉他上留了这样一张纸条："你的演奏让我很愉快。"她的儿子看了很高兴，说："谢谢你说我是一个多么棒的演奏者。"他把妈妈的感谢解释为对他的称赞。

称赞有时也会使人气馁，这取决于孩子听到称赞之后会怎么想。

琳达十二岁，她的电视游戏达到了三级水平，她的父亲欢呼道："你真棒！你有完美的协调性！你是个专家级的玩家。"琳达失去了兴趣，走开了。父亲的称赞让她难以继续下去，因为她对自己说："爸爸认为我是一个出色的玩家，但是我不是专家，我达到第三级是靠运气，如果我再试一次，我甚至连二级都达不到，最好还是趁我领先时退出吧。"如果她的父亲只是简单地说一句"达到一个新的级别一定感觉很棒"，可能会好很多。

有益的称赞：谢谢你洗了车，它看上去又像新的一样了。
可能的推论：我的工作做得不错，我的工作受到了赞赏。
（无益的称赞：你是一个天使。）

有益的称赞：我喜欢你的祝愿康复的卡片，很漂亮，也很风趣。
可能的推论：我的品味不错，我可以信赖自己的选择。
（无益的称赞：你总是这么体贴。）

有益的称赞：你的诗说到我心里去了。
可能的推论：我很高兴我能写诗。
（无益的称赞：就你的年龄来说，你是个不错的诗人。）

有益的称赞：你做的书架看上去很漂亮。
可能的推论：我很能干。
（无益的称赞：你真是一个好木匠。）

有益的称赞：你的信给我带来巨大的欢乐。
可能的推论：我可以给别人带来快乐。
（无益的称赞：你的写作非常优秀。）

有益的称赞：我非常感谢你今天洗了盘子。

可能的推论：我很负责。

（无益的称赞：你比其他人都做得好。）

有益的称赞：谢谢你告诉我我多找了你钱，真的太感谢你了。

可能的推论：我很高兴我是诚实的。

（无益的称赞：你真是一个诚实的孩子。）

有益的称赞：你的作文有几个新的想法。

可能的推论：我也可以有创造性的。

（无益的称赞：就你的年级来说，你写得不错，当然了，你还有很多需要学习。）

这种描述性的语句以及孩子由此得出的积极的结论是精神健康的基石。孩子从我们的话中对自己做出结论，事后还会默默地对自己重申。孩子在内心重复现实的、积极的陈述，在很大程度上会使得他们对自己及周围的世界抱有积极的看法。

给孩子指导而不是批评

批评和评定性的称赞是双刃剑，两者都是在给孩子下判断。为了避免下判断，心理学家不会发表批评意见影响孩子，而是指导孩子。在批评孩子时，父母会攻击孩子的人品和性格。而指导孩子时，我们陈述问题以及可能解决问题的方法。我们不会针对孩子本人发表任何观点。

当八岁的玛丽不小心打翻了她的果汁时，她的妈妈平静地说道："我看到果汁打翻了，我们再拿一杯果汁来吧，还要拿一块海绵。"她站起来，把果汁和海绵递给女儿。玛丽抬起头来看着妈妈，既松了口气，又有点怀疑。玛丽低声说："哎呀，谢谢你，妈妈。"她把桌子抹干净，妈妈还在一边帮她。妈妈并没有说什么严厉的、批评的话，也没有说一些无用的忠告，她说："我当时想说'下次小心点'，但是当我看到她善意的沉默，看到她多么感激时，我就什么都没说了。"

当不好的事情发生时，当时并不是教训肇事者人品的合适时机，应该先处理事情，而不是人。

想像一下，你正开着车，和心爱的人在一起，这时你转错了一个弯，如果她或他说："为什么转错了？你没看见路标吗？刚才那儿有一个很大的路标，任何人都能看见。"她或他这么说有用吗？那时候，你会感到爱意绵绵吗？你会不会对自己说我要提高我的驾驶技术和阅读能力，因为我要取悦我的爱人？或者你打算和颜悦色地回应吗？怎样才是有益的？一声充满同情的叹息："哦，亲爱的，多失望啊！"或者只是简单一句信息："从这儿起，十一英里处有一个出口。"

当出了问题时：要回应，而不是反应

在许多家庭中，父母和孩子之间的激烈争吵有一个规律的、可预见的顺序。孩子做错了什么事，或者说错了什么话，父母对此做出无礼、侮辱的反应。孩子则以更糟糕的言行来回答。父母再反击，高声恐吓，或者横暴地处罚。

一天早晨，早餐时间，七岁的纳撒尼尔在玩一个空杯子，他的父亲在看报纸。

父亲：你会打碎它的。你总是打碎东西。
纳撒尼尔：不会的，我不会打碎它的。

就在这时，杯子掉到地上摔碎了。

父亲：你就大声哭吧。你真是个笨蛋，屋里所有的东西都被你打碎了。
纳撒尼尔：你也是笨蛋，你打碎了妈妈最好的盘子。
父亲：你居然叫你父亲笨蛋？你太没礼貌了！
纳撒尼尔：你也没有礼貌，是你先叫我笨蛋的。
父亲：你不许再说话！马上站起来回你自己的房间去！
纳撒尼尔：来啊！逼我啊！

这种对其权威的直接挑战激怒了父亲，他一把抓住儿子，狠狠地打了一通。在试图挣脱时，纳撒尼尔把父亲推到了一扇玻璃门上，玻璃碎了，割伤了父亲的手。看到血，纳撒尼尔慌了，他跑了出去，直到深夜才回来。全家人都心烦意乱，那天晚上没有人能睡好觉。

纳撒尼尔是否得到教训以后不再玩空杯了，跟他得到的关于自己和父亲的消极教训比，后者对他更重要一些。问题是，这场战争是必然发生的吗？可以避免吗？或者可以用一种更聪明的方法来处理这样的事件吗？

看到儿子玩杯子，父亲可以拿走杯子，然后给他一个更适合玩的东西，例如一个球。或者当杯子打碎时，他可以帮助儿子处理玻璃碎片，顺带说一些像“杯子很容易打碎，有没有想过这么小一个杯子居然能弄得这么乱？”之类的话。

这种和气的话会让纳撒尼尔很惊讶，可能会为他闯的祸产生歉意和赎罪心理。在没有呵斥、没有巴掌的情况下，他甚至可能会在心里思考，并自己得出结论：杯子不是用来玩的。

小意外，大价值。从一些小意外里，孩子可以学到很宝贵的教训。孩子需要从父母那里学会分辨什么是仅仅让人不愉快、让人讨厌的事情，什么是悲剧和灾难。许多父母对打碎了一个鸡蛋的反应就像打断了一条腿似的，对窗户被打碎的反应就像心被敲碎了一样。对于一些小事，父母应该这样跟孩子指出来：“你又把手套弄丢了，这很不好，很可惜，不过这不是什么大灾难，只是一个小意外。”

丢失了一只手套不需要发脾气，一件衬衫扯破了，也无需像希腊悲剧里那样让孩子自己动手解决。

相反，发生小意外时，是传授孩子价值观念的好时机。八岁的黛安娜把她戒指上的诞生石弄丢了，她伤心地哭了起来，她的父亲看着她，平静而坚定地说：“在我们家，诞生石不是那么重要的。重要的是人，是心情，任何人都可能弄丢诞生石，但是诞生石可以重新替换。你的感受才是我最关心的。你确实喜欢那个戒指。我希望你能找到合适的诞生石。”

父母的批评对孩子是没有益处的，它只能导致气愤和憎恨。而更糟的是，如果孩子经常受到批评，他们就学会了谴责自己和别人；他们学会怀疑自己的价值，轻视别人的价值，学会怀疑别人，导致人格缺陷。

十一岁的贾斯汀保证给家里洗车，但是他忘了。最后他才想起来，试图做好工作，但是已经来不及了，没有完成。

父亲：儿子，这车还需要再洗洗，特别是车顶和左边。你什么时候能做？

贾斯汀：我可以今晚洗，爸爸。

父亲：谢谢你。

贾斯汀的父亲并没有批评贾斯汀，而是告诉了他一些事实，语气没有丝毫的不敬和贬低，这让贾斯汀能够完成他的活，而不会对父亲生气。想像一下，如果贾斯汀的父亲批评了他，试图教育他，贾斯汀的反应会有什么不同呢？

父亲：你洗了车了吗？

贾斯汀：洗了，爸爸。

父亲：你确定？

贾斯汀：我确定。

父亲：你居然说你洗了？你就是敷衍了事，你从来都这样。你只想玩，你觉得你能这样过一辈子吗？你要是工作了，还是像这样草率马虎，连一天都干不了。你不负责任，你就是这样的人！

芭芭拉九岁，她妈妈不知道该如何不使用批评去回答女儿。

有一天，芭芭拉从学校回来，激动地抱怨说：“今天什么倒霉的事都让我遇上了。我的书掉进了水坑里，男生不停地作弄我，运动鞋也被人偷了。”她的妈妈没有给予女儿同情，而是劝诫她，批评她：“为什么什么事都让你遇上了？你为什么就不能像其他孩子那样？你怎么了？”芭芭拉哭了起来。怎么才能让芭芭拉感觉好受点呢？要对她不顺利的一天抱以同情的承认：“哦，亲爱的，你这一天一定过得糟糕透了！”

辱骂会伤害孩子

辱骂性的字眼，就像一根根毒箭，不应该用在孩子身上。当一个人说“这把椅子很难看”时，这句话对椅子毫无影响，它既不会觉得受辱，也不会觉得尴尬。它还是那样，完全不顾加在它身上的形容词。但是，当孩子被说难看、愚蠢或者笨拙时，这些话会对孩子造成影响，他们的身体和心灵都会有反应，厌恶、愤怒、憎恨就这样产生了，报复的幻想出现了，于是就可能发生一些让人不高兴的举止，一些惹麻烦的行为。口头抨击会产生一连串的连锁反应，会让孩子和父母都很不愉快。

当一个孩子被说成笨拙时，他的第一个反击可能是：“不，我不笨。”但是，大多数情况不是这样，他可能会相信父母的话，认为自己的确是一个笨拙的人，如果他碰巧绊倒或跌倒，他可能在心里对自己大声说：“你真是笨手笨脚的！”从那个时候起，他可能会避开需要灵活性的事情，因为他确信自己太笨拙了，无法成功。

如果老师或父母不断重复说一个孩子愚蠢，渐渐地，孩子就会相信，他会认为自己的确是愚蠢的，然后就会放弃智力上的努力，认为避免愚蠢的方法就在于避开比赛和竞争。他的安全感依赖于不去努力，他生活的座右铭变成：“如果我不去试，我就不会失败。”

父母对孩子说了很多否定、贬损的话，而没有意识到这些话的伤害和破坏性的后果，这多么让人惊讶啊！举个例子：

“从他出生的那一刻起，他就是个麻烦，他什么也不是，从来就是个麻烦。”

“她就像她妈妈一样，固执、随心所欲，我们完全无法控制她。”

“她只知道给我，给我，但是她从来不会满足，不管你给了她多少。”

“那个可爱的小家伙完全占据了我生活的每一分钟，他不需要负责任，我必须像鹰一样地盯着他。”

不幸的是，孩子们会把这些话当真，特别是小孩子，他们依靠父母来告诉他们自己是什么样的人，能成为怎样的人。对孩子来说，培养对自己的信心需要听到或者无意中听到对他们的积极评价。

对于许多父母来说，指出孩子的错误比指出他们的正确要容易得多，这很具有讽刺性。但是，如果我们希望孩子在成长的过程中对自己有信心，我们就需要利用每个机会强调他们积极的一面，避免使用贬低性的言辞。

一致的交流：让言语和心情相符

孩子会急躁，会发怒。我们努力尝试忍耐和理解。不过我们还是会不可避免地大发脾气，可能是对孩子的房间：“你甚至连住在猪圈里都不配！”说出之后又非常后悔，于是试图道歉：“我不是那个意思，你适合住在猪圈里。”

我们相信忍耐是一种美德，但是真的是这样吗？如果它要求我们在生气的时候假装平静，要求我们言行不一致，要求我们的行为隐藏我们真实的感觉，而不是反映我们的感觉，那么，在这样的情况下，忍耐就不是美德。

在成长的过程中，我们一直被教导不要表露自己真正的情感，当我们在严重的混乱中不动声色时，我们感到非常骄傲。有些人把这个称作忍耐。

但是孩子从父母那里需要的、感激的是符合心情的反应。他们希望听到反应父母真实心情的言语。

在父母发怒时，孩子为了保护自己，愤慨地说出最有力的谴责：“你不爱我。”即使是一个很小的孩子说出这样的话也不是不寻常的。“但是我当然爱你！”父母生气地大叫，使得心情和言语不相符，无法让孩子相信。父母在生气的时候是不会感觉到爱的。孩子把“爱”抬出来，把父母送上了被告席的位置，非常聪明地把争吵的焦点从他身上转移到了父母身上。

只有那些同意自己在生气时感觉不到爱的父母才会回应孩子的指责，而不是一味辩解：“现在不是讨论爱的时候，现在讨论的是什么让我这么生气。”

父母越生气，孩子要求的保障就越多，但是用生气的语调表达爱是起不到安慰作用的，它不会让孩子感觉被爱，只能让他产生困惑，因为他听到的不是充满爱意的话，而是沙哑的声音里传达的愤怒。对孩子来说更有用的是，要让他知道，父母的愤怒不会带来自己被抛弃的后果。失去爱的感觉只是暂时的，一旦怒气平息了，爱自然会回来。

如何处理我们自己的愤怒

在我们自己的童年时代，没有人告诉我们如何处理生活中不可避免的愤怒情绪。我们受到的教育让我们对自己的愤怒感到内疚，在表达愤怒时有一种罪恶感。我们相信愤怒是不好的，愤怒并不只是不好的行为，它还是一种重罪。对待我们自己的孩子时，我们努力忍耐，事实上，忍得太久，迟早我们必然会爆发出来。我们担心自己的怒气会伤害孩子，所以我们忍着，就像一个潜泳者屏住呼吸一样。但是在这两种情况下，忍耐力都是相当有限的。

愤怒，就像普通的感冒一样，是一种周期性复发的麻烦。我们可能不喜欢它，但是我们无法忽略它。我们可能很了解它，但是无法阻止它的发生。愤怒发生后的后果和情形都是可以预见的，但是它看上去总是那么突然，意想不到。而且，尽管发怒的时间可能持续得不长，但在当时看来仿佛会没完没了似的。

当我们发怒时，我们的行为就像完全失去了理智，我们对孩子说出的话、做出的事，哪怕是在打击敌人时都会犹豫一下。我们大喊大叫、辱骂、抨击。当这一切结束时，我们会感到内疚，我们郑重地决定，以后绝不重复这样的行为了。但是，愤怒会不可避免地再次来袭，破坏了我们良好的愿望。我们再一次猛烈攻击那些我们为了其幸福愿意献出生命和财富的人。

而试图不再生气的决心不但没用，甚至更糟糕。这样做的结果只能是火上加油。愤怒就像飓风，是生活中的一部分，你不得不承认，而且还要准备好。安宁的家庭，就像希望中的和平的世界，并不是依靠人性中突然的善的改变，而是依靠周密计划的程序，可以在爆发前有系统地减轻紧张情绪。

精神上健康的父母并不是圣人，他们能意识到自己的愤怒，并且重视它，他们把愤怒当成一种信息资源，是他们关心孩子的表示。他们的言语和他们的心情一致，他们不会隐藏自己的情绪。下面这件事就说明了一个母亲在释放她的怒气时是如何鼓励合作的，而不是辱骂或羞辱自己的女儿。

简，十一岁，一回到家就大叫："我无法打棒球，我没有衬衣！"她的妈妈可以给女儿一个可行的建议："穿那件宽松的上衣。"或者，如果希望提供帮助，她可以帮助简找一件衬衣，但是简的妈妈没有这样做，而是决定说出自己真实的想法："我很生气，我真的很生气。我给你买了六件棒球衬衣，你不是放错了地方，就是丢了。你的衬衣应该放在你的抽屉里，这样，当你需要的时候，你就知道该到哪儿找到它们了。"

简的妈妈表达了她的愤怒，但是没有辱骂女儿。她后来说道："我一次也没有提过去的牢骚，没有翻旧账，我也没有责骂女儿，我没有说她是没有条理的人，也没有说她不负责任。我只是描述了我的心情，以及以后该怎么做才能避免不愉快。"

简的妈妈的话帮助简自己想出了一个解决办法。她马上跑到朋友家里以及体育馆的衣帽间去找放错了地方的衬衣。

在对孩子的教育中，父母的愤怒也可以起到一定作用。事实上，在某些时刻，不生气并不会给孩子带来好处，反而给孩子一种漠不关心的感觉，因为那些关心孩子的人很难做到一直不生气。不过这并不说明孩子能经受得住愤怒和暴力，只是说明孩子们能够理解这样的愤怒："我的忍耐是有限度的。"

对于父母来说，愤怒是一种代价很高的情感，为了物有所值，没有益处的话，还是不要随便发怒的好。发怒不应该招来更多话，药物不应该比疾病更糟糕。怒气应该以某种方式表达出来，这种方式应该能够使父母得到一定的解脱和轻松，给孩子一些启示，对任何一方都不应该有副作用。因此，我们不应该在孩子的朋友面前痛责孩子，这只能让他们的行为变本加厉，从而让我们怒火更盛。我们并不想引起或者延长愤怒、违抗、还击和报复。相反，我们希望孩子能够理解我们的观点，让阴云消散。

发怒的三个步骤

在平静时期，让自己做好应付紧张时刻的准备，应该承认下面的事实：

1. 我们接受这个事实：在跟孩子打交道的时候，我们有时会发脾气。

2. 我们有权生气，而不必感到内疚或者羞愧。

3. 除了安全考虑，我们有权利表达自己的感觉。只要我们不攻击孩子的人品或者性格，我们就可以表达我们的愤怒。

这些假设应该列入处理愤怒的具体步骤中去。处理激动的情绪的第一步是给它们明确的定义。这可以提醒相关的人改正或者采取预防措施。这样做的第一步是使用人称代词“我”：“我觉得讨厌”“我觉得被激怒了”。

如果简短的陈述和拉长着的脸并没有产生效果，那么采取第二个步骤。在表达时加强愤怒的强度：

“我生气了。”

“我很生气。”

“我非常非常生气。”

“我气极了。”

有时，仅仅表达出我们的感受（不用解释原因）就能让孩子停止不端行为。但是，有时候，可能需要采取第三个步骤：解释我们生气的原因，说出我们内心的想法，以及我们希望的行为。

“当我看到鞋子、袜子、衬衫、运动衫扔得满地都是时，我很生气，生气极了。我真想打开窗户，把这一摊乱七八糟的东西扔到大街上去。”

“看到你打你的弟弟，我很生气，心里面像有团火在烧，我决不允许你再伤害他。”

“看到你们所有的人一吃完晚饭就冲出去看电视，把那些脏兮兮的盘子、油腻腻的锅留给我时，我非常愤慨！气得我简直七窍冒烟！我真想把所有的盘子砸到电视上去！”

“我叫你吃晚饭，而你却不来，我很生气，非常生气，我对自己说：‘我煮了一餐好吃的，希望获得赞赏和感激，而不是失望！’”

这个方法可以帮助父母释放怒气，而不致引起伤害，而且，它甚至可以是一堂重要的课，教会孩子如何安全地表达愤怒。孩子可能会明白他自己的愤怒也不是什么大的灾难，可以释放出来，而不会伤害任何人。这堂课不仅仅需要父母把怒火发泄出来，还需要父母向孩子指出情感表达的可接受的方式，要向他们说明表达愤怒应该采取的安全、可理解的方法。

配偶也会感激不会辱骂的生气方式。一位父亲讲了下面的事：“一天早晨，我正准备出门去工作，我的妻子告诉我，九岁的儿子哈罗德在起居室玩球，又一次打碎了古老壁钟的玻璃。我的怒火一下子就上来了，忘了学过的东西，冲他喊道：‘显然你不尊重我们的东西！晚上等我回来，我要好好惩罚你一顿，让你永远不会再在起居室里玩球！’妻子陪我走到门口，没有意识到给丈夫的定性评价就像对孩子一样无用而让人恼怒，她对我说：‘噢，你对哈罗德说的话多愚蠢啊！’因为我很爱我的妻子，我强压怒火，回答道：‘我想你是对的。’开始时，我只是对我儿子生气，我的妻子说了我愚蠢之后，我连她也气上了，回到我谈话的老方式上去已经让我感到很内疚了，我不需要她再来重复。如果她对我这样说：‘壁钟玻璃碎了两次，的确让人很生气，我在想我们该怎样帮助哈罗德在以后避免这种情况的发生。’”这样说会有用得多。

梅利莎的父亲就幸运多了，他的妻子懂得如何影响他，而不是激怒他。一天晚上，七岁的梅利莎和她的父母都坐在车里面，他们之间发生了下面一段对话：

梅利莎：披萨是什么意思？

父亲：披萨？这是一个意大利词，馅饼的意思。

梅利莎：药房是什么意思？

父亲：药店的另一个说法。

梅利莎：银行是什么意思？

父亲（有点生气了）：你知道那个词，那是人们存钱的地方。

梅利莎：白天是如何变成夜晚的？

父亲（很生气了）：好家伙，你已经问了好多问题了。当太阳下山后，就没有光了。

梅利莎：为什么月亮会跟着汽车一起走？

妈妈：多有意思的问题啊！你知道吗，这个问题让科学家伤脑筋了几百年，然后他们决定要研究月亮的运动。

梅利莎（激动地）：噢！那我要做一个科学家。我要去图书

馆，找一本书，它会告诉我关于月亮的所有事情。

梅利莎不再问问题了，这位妈妈明白，不停回答孩子的问题只会鼓励孩子不停地问更多问题，但是她忍住没有向丈夫指出这一点，而是用不再给孩子直接的回答的方法示范了这一点，她帮助孩子找到了孩子自己的方法去满足好奇心。

克里斯的妈妈努力劝阻丈夫不要对孩子吆来喝去，大家来分享一下她的经验：一天晚上，她和丈夫在海边小屋的厨房里享用着美酒，她的丈夫注意到桌子上有一个海滨游泳袋，一件湿的游泳衣，一个沙滩球。他通常的反应是怒火上升，然后冲着孩子咆哮，就像一个军事训练中的军士："我告诉过你多少次了？把你的东西收拾好！你太不顾及别人了！你以为我们是什么人？跟在你后面捡东西的奴仆？"

但是，这一次，他平静地描述了他看到的东西："我看到厨房的桌上有一个海滨游泳袋，一件湿的游泳衣，一个沙滩球。"八岁的克里斯从起居室的椅子上跳了起来，喊道："哦，那一定是我的。"然后他走进厨房，把他的东西收了起来。

克里斯离开后，父亲愉快地对妻子说："我记住了，它真的有效！"

"我没有说：'我早告诉你了'，而是举杯祝酒，为孩子的合作干杯。"

对生气孩子的回应：方法最重要

当孩子烦躁不安时，讲道理是没有用的。他们生气时，只有情感上的安慰，他们才听得进去。

一对兄妹在地下室玩，突然传来什么东西被毁坏的声音，随后就是喊叫声和指责声。六岁的比利从楼梯上来，气得满脸通红，他一上来就脱口叫道："贝特西把我的堡垒撞翻了。"他的妈妈同情地说："哦——，那你一定非常生气了。""我是很生气。"他转过身继续回去玩了。

这是比利的妈妈第一次试着没有卷入孩子们的日常争吵中。她没有问那个最具破坏性的问题："谁先引起的?"这样就避免了儿子讲述冤情和要求报仇。通过真实地反映儿子内心的情绪，她避免了成为孩子们的法官、检察官、执法人这些不讨好的角色。

在下面的事例中，一位母亲同情的评论使得和平与战争成为一线之隔。九岁的大卫不想去看牙医，他很生气，激怒了他的姐姐蒂娜，她对他说："噢，大卫，长大点!"大卫更生气了，行为变得更加令人讨厌。

她的妈妈对蒂娜说："大卫今天很烦，他担心去看牙医。现在他需要我们所有人的体谅。"就好像变魔法一样，大卫马上安静下来，他去看了牙医，没有再抱怨。妈妈的回应是针对大卫烦躁的心情，而不是他让人讨厌的行为，这使得大卫感到放松多了，因此也就不再那么讨厌了。

在这个小事件里，帮助孩子平息怒气和遭受挫折的两种方法正好形成对照，一种是使怒火更盛，一种是消除怒气。

汤姆和他的朋友吉姆，两个人都才三岁，他们在玩玩具木琴。吉姆的音锤卡住了，生气地哭了起来。他的妈妈警告他说："你没有理由大哭大闹的，我不会给你修音锤，除非你停止尖叫。"吉姆继续哭闹，于是他的妈妈拿走了玩具。这一下，吉姆大发脾气，场面颇为壮观。

与吉姆的例子形成对照的是，汤姆的音锤也卡住了，他也哭了起来，他的妈妈对他说："你哭是因为音锤卡住了，我们需要修好它。"哭声停止了。现在，无论什么时候音锤被卡住，汤姆都不会再哭，而是拿过去让妈妈修理。

吉姆的妈妈用的方法是谩骂、威胁、责备和惩罚，而汤姆的妈妈则是指出问题所在，然后给出解决问题的建议。

米里亚姆十二岁，从剧院回来后，心情不佳，很生气：

妈妈：你看上去好像不开心。

米里亚姆：我非常生气！我坐得很靠后，根本什么也看不到。

妈妈：怪不得你不高兴，坐得那么靠后就没什么意思了。

米里亚姆：当然没有。而且，有个高个子家伙就坐在我前面。

妈妈：那更是雪上加霜了，一直坐在后面，还有个高个子挡在你前面！那真是够糟了！

米里亚姆：确实够糟。

米里亚姆妈妈的回答中，有帮助的地方是她没有批评米里亚姆，也没有提意见，只是接受了女儿的情绪。她并没有问任何无用的问题，例如"你怎么不早点去选一个好一点的位置呢?"或者"你不能请那个高个子跟你换一下座位吗?"，她关注的是如何帮助女儿消除愤怒的情绪。

父母做出直接反映孩子不安情绪的、具有移情作用的回应，表达父母的同情和理解，这对改变孩子的愤怒情绪是很有效的。

在发完脾气之后，写在纸上的话也可以成为修复受伤情感的有力工具。不管是父母，还是孩子，我们都鼓励他们把自己的感情、想法写下来。

一天晚上，十三岁的特鲁迪大声地怒斥妈妈，指责妈妈进入她的房间，打开她的抽屉，翻看她的日记。当她发现她的怀疑毫无根据时，特鲁迪决定写信向妈妈道歉：

亲爱的妈妈，作为一个讲道德的人，我刚才犯了一个非常严重的错误。我指责妈妈，使妈妈伤心、痛苦。我觉得非常羞愧，非常丢脸。以前我一直对自己感觉良好，可是现在我讨厌自己。我爱您。特鲁迪

特鲁迪的妈妈看到这封短信时很不安，她意识到这件事破坏了特鲁迪心中对自己的积极看法。她找时间写了一封信给特鲁迪，帮助她重新爱自己：

最亲爱的特鲁迪，谢谢你告诉我你的不安和不开心。前几天晚上发生的事情对于我们两个来说，都是一件不容易的事，但是那并不是灾难。我希望你知道我对你的看法、对你的感情一点也没有改变。我依然把你当成和以前一样可爱的孩子，不过这个孩子有时会感到烦躁、生气。我希望你能明白，能够原谅自己，重新获得对自己的好感。非常爱你的妈妈

这位妈妈向她的女儿保证生气并不会改变一个人对自己的爱，也不会改变别人对她的爱。她的做法无疑是有益的。

孩子因为父母不听自己的理由而生气，这个时候，他们常常把自己的理由写下来。

一位父亲讲述了下面的事情。在他的家里，孩子们都有兑换券，可以用来买晚上睡觉前的额外时间。一天晚上，十岁的

彼得想买一些时间，但是兑换券丢了。他的父亲拒绝兑现一张不存在的兑换券。彼得觉得很失望，生起气来，离开房间时大叫道："但是你确实把兑换券给了我！"那天晚上，当彼得的父亲回到自己的卧室时，他看到下面的信：

亲爱的爸爸，如果你不让我熬夜，那不公平，因为（1）我们两个都知道你把兑换券给了我。(2）你知道我的桌子是什么样子，我总是找不见东西。(3）你知道我多么渴望使用兑换券。我不希望因为写了这封信而让人讨厌，我只是说出我自己的想法。彼得

当父亲看到这封信时，他意识到彼得提供了一个方法来修补他们之间受损的关系。同时，这也给了他一个机会尝试孩子教育的一个重要原则。只要有机会，就要增强孩子的自尊。于是他写了下面的信：

亲爱的儿子，你的思路很清晰！你的论据也很有说服力！当我读你的信时，我不得不提醒自己，这不是一个大过十岁的年轻人写的。附：兑换券已经放回原处，你自己去找吧。爱你的爸爸

总结

语言具有培养、激发，或者威胁、毁坏的力量。当我们注意到孩子的努力，并且表示感激时，我们就帮助了他们培养希

望和信心。与此相反，当我们评定孩子时，会造成孩子的焦虑和反抗。否定性的定性词语（“懒惰”“愚蠢”“卑鄙”）可能会对孩子造成伤害，这个是很显然的；奇怪的是，一些肯定的词语（“好”“完美”“最好”）也可能毫无价值。

我们对待孩子的态度应该是正面的、鼓励的。我们承认努力，表达感激（“你做那件事做得很努力”“谢谢你的帮忙”），但是我们不能评价孩子，不能给他们定性。

当麻烦发生时，我们要寻求解决的方法，而不是责备和批评。即使无法避免的怒火，也可以不带指责、不带定性评价地表达出来。所有这些人道的交流方式技巧的背后，是对孩子深深的理解和尊重。

第 3 章

自取其害：

应该避免的错误做法

涉及孩子的某些方法总是自取其害：它们不但达不到我们长期的目标，还在家里到处造成破坏。自取其害的方法包括恐吓、贿赂、许诺、挖苦、激烈的言辞、关于撒谎和偷窃的说教、关于礼貌的粗鲁教训。

恐吓：不端行为的邀请函

对于孩子来说，恐吓会刺激他们重复做一件不被允许的事情。当孩子被告知："如果你再做这件事……"时，他听不到"如果你"这三个字，他听到的只是"再做这件事"。有时他会把这句话理解为：妈妈希望我再做一次，要不她会失望的。这样的警告——对于成年人来说可能很合理——不但无用，而且后果更糟糕。孩子肯定会再犯那些让人讨厌的行为。警告是对孩子自主权的挑战。如果他有一点点自尊的话，他就会再次违纪，以此向别人展示他不惧怕任何挑战。

奥利弗五岁，不停地向起居室的窗户玻璃上扔球，多次警告依然无效。最后他的父亲说："如果你再把球扔到窗户上，我会把你打得眼冒金星，我保证。"一分钟之后，一阵玻璃碎裂的声音告诉奥利弗的父亲他警告的后果：球最后一次扔在了玻璃上。在这一系列的威胁、保证以及不端行为之后，后果很容易想像。下面的事件正好相反，处理不端行为时并没有诉诸威胁，让我们看看效果如何。

七岁的彼得用玩具枪向他的弟弟射击。他的妈妈说："不要朝弟弟射击，要朝靶子射击。"彼得再一次向他的弟弟射击，他的妈妈把枪拿走，对彼得说："人不是用来射击的。"

彼得的妈妈觉得为了保护婴孩，她做了自己必须做的，同时又能够支持她对可接受行为的标准，她的儿子在自己没有受到伤害的前提下认识到了自己行为的后果。妈妈暗示的选择很明显：要么朝靶子射击，要么没得枪玩。在这起事件中，他的妈妈避免了通常父母们会犯的错误，她没有走那条很显然会失败的路："彼得，停下来！除了朝你弟弟射击，你就想不出更好的玩法了吗？你不是有一个更好一点的靶子吗？如果你再这么做，你听着，你再做一次，你就再也见不到这支枪了！"除非孩子很温顺，否则，对于这样的警告，他的回答是重复被禁止的事情。接下来的场景就无需再描述了，任何一个父母都能很容易想像得到。

贿赂：
重新思考一下“如果……那么”的谬误

同样会自取其害的方法是明确告诉孩子如果他做某事或不再做某事，那么他会得到某种奖赏：

“如果你对你弟弟好，我会带你去看电影。”
“如果你不再尿床，圣诞节我会送你一辆自行车。”
“如果你学会这首诗，我会带你去航海。”

这种“如果……那么”的方法可能偶尔会激励孩子为了眼前的目标努力，但是很少会鼓励孩子一直努力下去，甚至从来不会。我们的每一句话传达给孩子的信息都是对他们能不能变好的能力的怀疑。“如果你学会这首诗”，意思是说“我们不确定你能”。“如果你不再尿床”意思是，“我们认为你能控制自己，但是你却不想”。

对于这种用来贿赂的奖赏还有几个道德上的反对理由。有些孩子会故意犯错，好让父母为了让他们变好而提供奖赏。这样的推理可能会很快导致讨价还价和勒索，甚至为了让你跟他的“好的”行为交换，他对奖赏和利益的要求会日益增长。有些父母已经习惯了孩子这样的要求，以至在购物旅行结束时，不敢不给孩子带礼物就回家。孩子迎接他们时说的不是问候“哈罗”，而是“你给我带了什么？”。

如果奖赏没有事先通知，如果是一个惊喜，如果代表承认和感激，这样的奖赏才会非常有益，非常让人开心。

许诺：为什么不切实际的期望会给每个人带来焦虑

既不能给孩子许诺，也不能要求孩子做出许诺。为什么要禁止许诺呢？我们跟孩子的关系应该建立在互相信任的基础上。当父母用许诺来强调他们说的话的意思时，就无异于承认那些“没有许诺过”的话是不值得信任的。许诺会给孩子带来不切实际的期望。如果孩子得到许诺要去动物园玩，她会认为是这样承诺的：那天不会下雨，车子会在车库里，她不会生病。但是，因为生活中不可能没有意外，如果发生意外，孩子就会觉得受到欺骗，会认为父母不能信任。相信父母们都很熟悉这句不留情面的抱怨——“但是你保证过的！”父母真希望自己没有保证什么，但是后悔已经晚了。

父母们也不应该要求孩子为将来的好行为，或者停止过去的不端行为做出保证。如果孩子做出保证，却不是发自内心的，那么就等于她在银行签了一张没有户头的支票。我们不应该鼓励这种欺骗性的行为。

挖苦：学习的严重障碍

具有挖苦天赋的父母对孩子的精神健康有着极大的危害。有如此语言天才的父母是有效沟通的严重障碍：

“同一件事我究竟要重复多少次才行？你是聋了吗？要不

你怎么听不进去？”

“你太没礼貌了。你是在丛林长大的呀？是的，那才是属于你的地方，你知道的。”

“总之你是怎么回事啊？你是神经病还是就是蠢呢？我知道你的下场！”

这样的父母甚至意识不到这样的话是人身攻击，只会导致孩子的反击；这样的话对沟通是一种障碍，只会惹得孩子专注于报复的幻想中。在对孩子的教育中，不能有难堪的挖苦和严厉的陈词滥调。最好要避免这样的言语：“什么让你觉得你知道所有的答案？你几乎生下来就没有脑子，你还以为你很聪明呢！”不管是有意还是无意，我们都不应该贬低孩子的形象，不管是他在自己眼中的形象，还是他在同龄人眼中的形象。

权威需要简短：少说更有效

如果有人跟你说“你说起话来像家长”，这可并不是什么赞美，因为家长有一个名声，他们喜欢重复自己，夸大显而易见的事实。当他们这么做时，孩子就不会再听他们的话，心里大喊：“够了！”

每一个父母都应该学习回应孩子的经济的方法，这样，小事故才不会变成大灾难。下面的事件就是简短的评论战胜长篇大论的例子。

阿尔的妈妈在车道上跟客人说再见，八岁的阿尔跑过来，眼泪汪汪地控诉他的哥哥：“只要我有朋友在这里，特德总是找借口作弄我们，不停地打扰我们，你必须制止他。”

要是在过去，阿尔的妈妈会冲着特德嚷："我跟你说过多少次了？不要去烦你的弟弟！少给我找麻烦，如果你再犯，我要限制你的活动一个月。"

但是这次，她只是看着特德说："特德，你自己选择，你可以像以前一样听我的教训，或者自己处理你弟弟的控诉。"特德大笑起来，回答说："好的，妈妈，我会走开。"

下面的对话显示了同情的、简短的回答是如何阻止了一场琐碎无效的辩论的。

八岁的鲁思：妈妈，你知不知道初中是浪漫的学校？

妈妈：哦？

鲁思：是的，男孩子和女孩子总是在参加聚会。

妈妈：所以你很渴望上初中？

鲁思：噢，是的！

鲁思的妈妈讲，如果放在过去，她会跟她的女儿讲道理，告诉她那样是浪费时间，学校是用来学习的，不是浪漫的，而且她还太年轻，想这些事情还不合适。接下来就会是长长的辩论，导致情绪败坏。但是，这一次，她没有这样做，而是承认了女儿的愿望。

一句幽默常常抵得上千言万语。十二岁的罗恩看到妈妈把新鲜的水果从购物车上卸下来，通常她都是放在厨房的柜台上，罗恩苦笑着说："妈妈，至少做对一次事情行不行，把水果放到冰箱里。"

"我做对了一件事，我生了你。"他的妈妈回答说，"现在，帮我把水果放到冰箱里。"罗恩咯咯地笑了起来，开始帮忙。

对于罗恩的妈妈来说，说出那些挑起争吵的话多么容易啊！

“你什么意思，做对事情？你以为你是谁，可以跟妈妈这样说话？”但是她没有这么说，而是用幽默而简短的话表达了她的权威。

一位父亲讲，当他听到他的孩子用幽默来消除失望和愤怒时，他多么高兴啊！圣诞节前一天，他和他八岁的女儿梅格安在努力组装一棵人造圣诞树。把所有的树枝都装好可不是件容易的事，梅格安的父亲渐渐地有点不耐烦了，最后，树终于装好，可以布置装饰品了，可是就在他把一颗星星挂在一根树枝上时，圣诞树散了。梅格安的父亲大发脾气，嚷道：“我已经装好了！”梅格安走过来拥抱住父亲，说：“爸爸，我打赌，你现在一定希望自己要是像犹太人那样就好了。”

权威需要简短和选择性的沉默

下面的事件就说明了沉默的力量。七岁的斯考特弄伤了腿，但是这并没有妨碍他参加当晚的童子军聚会。第二天早上，他说：“我不能去上学了，我腿受伤了。”她的妈妈很想说：“如果你能去参加聚会，你就能去上学。”但是她并没有说出来，她什么话也没说。沉默使得气氛很沉闷，几分钟后，斯考特说：“你觉得我该去上学吗？”他的妈妈回答说：“你对此感到迷惑。”“是的。”斯考特一边说一边赶紧穿衣服。

斯考特妈妈的沉默帮助斯考特自己做了决定，他自己一定想到了能够参加聚会就一定能去上学。如果他的妈妈向他指出这一点，他可能会争辩，然后两个人都可能会很不高兴。

下面这位妈妈，记住了对待孩子时少说更有效，因此阻止了她的女儿黛安把她的坏情绪传染给家里的每个人。

黛安，十二岁，是一个素食主义者，一天，当她坐下吃晚饭时，她开始抱怨："我饿死了，晚饭在哪儿？"

妈妈：唔，你一定很饿了。

黛安：哦，茄子，我不喜欢吃茄子。

妈妈：你失望了。

黛安：奶酪不够。

妈妈：你想在茄子上多放一点奶酪。

黛安：哦，我想这样就可以了。不过你平常做得比这好吃。

黛安的妈妈没有反过来抱怨说："你知道我必须为你准备特别的食物，至少你应该感激一下。"而是表达了黛安的情绪，避免了一场争吵。

对待谎言的策略：学会怎样才能不助长谎言

孩子撒谎时，父母会非常生气，特别是当谎言很明显，说谎者显得很笨拙的时候。当孩子坚持说他没有碰那幅画，或者没有吃巧克力，而他的衬衣上、脸上已经全是证据时，听到这样的谎话的确会让人非常生气。

被激发的谎言。父母不应该问那些可能导致孩子防御性撒谎的问题。孩子讨厌被父母质问，特别是当他们怀疑父母已经知道答案的情况下，他们厌恶那些设圈套的问题，厌恶那些逼迫他们在笨拙的谎言和尴尬的坦白之间做出选择的问题。

七岁的昆廷打碎了父亲送给他的一辆新的玩具小卡车，他吓坏了，把碎片都藏在地下室里。当父亲发现卡车残片时，他很生气，问了几个问题，最后导致了一场激烈的争吵。

父亲：你的新卡车呢？

昆廷：在什么地方吧。

父亲：我没看见你玩它。

昆廷：我不知道它在哪儿。

父亲：去找，我想看看。

昆廷：可能卡车被什么人偷走了。

父亲：你这个该死的说谎的孩子！你打碎了卡车！别以为你能混过去，如果有什么让我厌恶的事情，那就是说谎的人！

这是一场不必要的战争。昆廷的父亲不应该偷偷扮演侦探和检察官的角色，不应该称自己的儿子是个说谎的孩子，如果昆廷的父亲这样说会对他的儿子有帮助得多："我看到你的新卡车坏了，它不经玩，真遗憾，你真的很喜欢它。"

孩子可能因此获得有价值的教训：爸爸能够理解。我可以告诉他我闯的祸。我必须更好地保管他的礼物，我应该更小心点。

因此，问那些我们已经知道答案的问题，不是个好主意。例如，一边看着脏乱的房间，一边问："我让你打扫房间，你有没有扫？"或者知道了女儿今天没有去上学，还继续问："你今天上学去了吗？"这样的话更好一点："我看到你的房间还没有打扫"，或者"我们听说你今天逃学了"。

为什么孩子会撒谎？他们撒谎有时是因为他们不被允许说出真相。

四岁的威利非常生气地冲进起居室，向他的妈妈抱怨说："我恨奶奶！"他的妈妈吃了一惊，回答说："不，你不恨奶奶，你爱奶奶！在这个家庭里，我们没有憎恨。而且，奶奶送你礼物，带你出去玩，你怎么能说出这么可怕的话呢？"

但是威利坚持说："不，我恨她，我不想再看到她。"这下，妈妈真的不高兴了，她决定换一种更激烈的教育方式，她打了威利。

威利不想再接受惩罚，于是改变了论调，他说："妈妈，我真的很爱奶奶。"妈妈是如何回应的呢？她拥抱了威利，并亲吻了他，赞扬他是个好孩子。

这种前后变化让小威利学到了什么？说真话、告诉妈妈自己的想法是危险的。说真话时，你受到惩罚；说谎时，你得到爱。真话伤人，要远离真话。妈妈喜欢说谎的小孩子，妈妈只喜欢听让人高兴的真话，告诉她希望听到的话，不管你真实的想法是什么。

如果威利的妈妈希望教导威利说真话，那么她该怎么回答威利的抱怨呢？

她可以承认他的不高兴："哦，你不再爱奶奶了。你能不能告诉我，奶奶做了什么让你这么生气？"他可能会回答："他给宝宝买了一件礼物，却没给我买。"

如果我们希望教育孩子诚实的品德，那么我们必须做好心理准备，既要听让人愉快的真话，也要听让人不高兴的真话。如果要想孩子在成长过程中保持诚实的品质，就一定不能鼓励他们隐瞒自己的想法，不管这些想法是积极的、消极的、还是矛盾的。

谎言中的真相。当说真话会受到惩罚时，孩子会用说谎来自卫。有时他们说谎，是为了用幻想来弥补自己在现实中的不足。谎言能告诉你孩子关于恐惧和希望的真相，它们能够揭示一个人希望的，或者不希望的愿望。对于能明辨是非的耳朵来说，谎言能够揭示说谎者真实的意图。对谎言的理智的处理方法应该是对它真实的意图表示理解，而不是否定它的意图或者指责说谎的人。从谎言中获得的信息可以帮助孩子分辨现实和希望之间的区别。

三岁的茉莉告诉奶奶，在圣诞节她收到一头活的大象。她的奶奶没有试图证明自己的孙女是一个撒谎的孩子，而是把茉莉的愿望说了出来，她说："你希望你能收到一只活的大象作为礼物！你希望你能有自己的动物园！你希望能有一片丛林，里面生长着各种各样的动物！"

三岁的罗伯特告诉父亲他看到一个人，长得跟帝国大厦一样高。他的父亲并没有说："多么疯狂的念头，没有人能长得那么高。不要说谎。"而是抓住了这个机会教他的儿子一些新词，他没有否定儿子的感觉，而是承认了他的感觉："哦，那你一定见到了一个非常高大的人，一个巨人，一个庞大的人，一个巨无霸！"

四岁的克雷格在玩沙盘，他正在建一条路。突然，他抬起头来高声喊道："我的路被暴风雨冲毁了，我该怎么办呢?"

"什么暴风雨!"他的妈妈愠怒地问道，"我没看到什么暴风雨，所以，别胡说八道了。"

于是被克雷格的妈妈忽略的、沙盘里的暴风雨在现实生活中爆发了。克雷格大发脾气，而这场暴风雨本来是可以避免的，如果他的妈妈认可孩子的感觉，进入他的幻想世界，问："你辛辛苦苦建起来的路被暴风雨冲垮了？哦……"然后，她可以抬头看看天空，接着说，"请暴风雨停止吧，你冲坏了我儿子修建的路。”

对不诚实的处理：一盎司的预防胜过一吨的调查

我们处理谎言的政策很清楚：一方面，我们不应该扮演检察官的角色，不应该要求孩子坦白，不应该夸大事实把事态弄大。另一方面，说话不要拐弯，要说真话。当我们发现孩子从图书馆借的书已经过期时，我们不应该问：“你把书还到图书馆了吗？你确定？那么它怎么还在你的桌子上？”我们应该直接说：“我看到你的图书馆借书已经过期了。”

当学校通知我们孩子的数学考试不及格时，我们不应该问：“你的数学考试通过了吗？……你确定？……那，谎话这次帮不了你！我们已经和你的老师谈过了，我们知道你考得糟透了。”

我们应该直接告诉我们的孩子：“数学老师告诉我们你没有通过考试。我们很担心，不知道该怎么帮助你。”

简而言之，我们不能激发孩子防御性的撒谎，我们不能有意制造让孩子撒谎的机会。当孩子说谎时，我们的反应不应该表现得歇斯底里，不应该充满说教，而是要切合实际，就事论事。我们希望孩子知道没有必要对我们撒谎。

父母防止孩子撒谎的另一个方法是避免问“为什么”。过去，“为什么”是审讯术语，这个意义已经很久不用了，但是被讹用作为批评的用语。对孩子来说，“为什么”就意味着父母不赞成、失望、不高兴，从而引出过去受责备的回忆。即使一句简简单单的“你为什么这么做？”都可能让孩子想成“为什么你会做那么愚蠢的事呢？”。

明智的父母应该避免有伤害性的问题，例如：

“你为什么这么自私？”

“你为什么总是不记得我跟你说的话？”

“你为什么就从来都不能准时呢？”

“你为什么这么没有条理？”

“你为什么不能闭嘴？”

不要问这些没有答案的反问句，我们应该做出带有同情的陈述：

“如果你能和约翰分享，他一定会很高兴的。”

“有些事情很难记得。”

“你迟到时我很担心。”

“你能采取一些什么措施来让你的工作有条理一些呢？”

“你有很多想法。”

偷窃：
懂得所有权是需要时间和耐心的

小孩子把不属于自己的东西拿回家，这样的事情并不少见。当“窃行”被发现时，避免说教和装腔作势是很重要的，可以引导孩子有尊严地走上正直的道路，要平静而威严地告诉他或她：“玩具不是你的，应该还回去。”或者说：“我知道你希望留下这支枪，但是吉米希望拿回去。”

当孩子“偷”糖果，把糖果放进自己的口袋里时，最好的方法是不动声色地对他说：“你希望把糖果留在你的左口袋里，但是它必须被放回到架子上去。”如果孩子否认拿了糖果，我们应该指出来，并且重复观点：“我希望你把巧克力糖果放回到架子上去。”如果孩子拒绝这么做，我们可以把糖果从他口袋里拿出来，说：“糖果是商店的，它应该留在商店。”

错误的问题和正确的陈述。如果你确定孩子从你的皮夹里偷了钱，最好不要用提问的方式问这件事，而是告诉他：“你从我的皮夹里拿了一块钱，我希望你还给我。”当钱被还回来时，我们应该跟孩子说：“如果你需要钱，可以问我要，我们可以商量的。”如果孩子否认拿了钱，我们不要和孩了争论，也不要恳求他坦白，我们应该说：“你知道我已经知道了，你必须把钱还回来。”如果钱已经花了，那么谈话的内容应该集中在赔偿的方式上，比如做家务，或者在零花钱当中扣。

不要把孩子叫作小偷或说谎的孩子，或者预言一个不好的结局，这非常重要。问孩子这样的话是毫无帮助的：“你为什么这么做?”孩子可能并不知道自己的动机，在“为什么”的压力下，只能导致另一个谎话。向孩子指出你希望他或她能跟你商量钱的需要会有用得多：“我很失望你没有告诉我你需要一块钱。”或者这么说：“如果你需要钱，过来告诉我，我们会想办法的。”

如果你的孩子偷吃了罐子里的饼干，而他的或她的脸上还沾着糖粒，这时，不要问这样的问题：“谁拿了罐子里的饼干?”“你有没有碰巧看到有谁拿了？你吃了吗？真的吗?”这样的问话通常会逼得孩子随口编瞎话，而这只能让我们更加受到伤害。规则是：当我们知道答案时，不要提问题。开诚布公地说出来会更好，例如可以这么说："你吃了饼干，我已经告诉过你不要吃。"

最后的那句话里包含着适当的、合理的训诫，它会让孩子感到不安，并且唤起他想弥补过错的责任感。

不能用粗鲁方式教育孩子懂礼貌：培养礼貌的方法

个人榜样和公众习惯。礼貌既是品质特征，也是社交技巧，孩子可以通过对有礼貌的父母同化、模仿来学会礼貌举止。不管在什么情况下，在教育孩子要有礼貌时，父母必须要有礼貌。但是，父母经常很粗鲁地教育孩子要懂礼貌。当孩子忘了说"谢谢"时，父母会当着其他人的面指出来，这种做法至少可以说是很不礼貌的。父母急急忙忙地提醒孩子说再见，甚至他们自己都还没道别。

六岁的罗伯特刚收到一件包装好的礼物，他满心好奇，用力地挤压盒子，想弄清楚里面包的是什么，妈妈在一旁看着，开始变得焦躁、紧张起来。

妈妈：罗伯特，住手！你弄坏礼物了！当你收到礼物时该说什么？

罗伯特（生气地）：谢谢！

妈妈：这才是乖孩子。

罗伯特的妈妈大可以不必这么粗鲁地教孩子学习礼貌，而效果也会更好。她可以说：“谢谢您送他这么可爱的礼物，帕特丽夏姑妈。”相信罗伯特会跟着表达他自己的感谢。如果他没有那么做，他的妈妈可以在事后就他们两个人时，处理社交礼仪这件事。她可以这么说：“帕特丽夏姑妈很体贴、很周到，想到你，并且还送你礼物，我们给她写一封感谢信吧，她知道我们惦记着她，她一定会很高兴的。”这种方法比直接的训斥要复杂，同时也更有效。生活中美好的细节不可能靠大锤来灌输。

当孩子打断大人们的谈话时，大人通常会生气地说：“不要无礼，打断别人的谈话是很不礼貌的。”但是打断插话的人同样也是不礼貌的。父母在要求孩子懂礼貌时，不能用粗鲁的方式。可能这么说会好一点：“我希望能把话讲完。”

说孩子不礼貌不会有好的效果，和父母的愿望相反，这不会让他们变得懂礼貌起来。而且这样做的危险是孩子会接受我们的评价，然后把它视为对自己的看法的一部分。一旦他们认为自己是无礼的，他们就会一直以这种形象生活下去。对于无礼的孩子来说，行为粗鲁是很自然的事情。

尖刻的指责和悲观的预言对孩子也没有任何帮助。要想有更好一点的效果，大人必须使用简单的、有礼貌的语句。去朋友或亲戚家拜访提供了向孩子示范礼貌的机会。拜访对父母和孩子来说都应该是愉快的，而要想玩得开心，最好的方法就是把对孩子行为负责的重担交给孩子自己以及主人。

孩子认识到我们不愿意在别人的家里严厉训斥他们，他们相信这种地域差异，于是就选择这些地方来做出一些不当行为。对付孩子这种策略的最好办法，就是让主人制定他们家的规矩，并且由主人来执行。当孩子在玛丽阿姨家里的沙发上跳来跳去时，让玛丽阿姨来决定这沙发是不是可以跳，让她来做出限制。当限制是由外人制定时，孩子们比较容易遵守。而妈妈从教孩子守规矩的责任下解脱出来之后，她可以帮助孩子，说出他的愿望和感受，表达出对他的理解："你多希望玛丽阿姨能让你在沙发上跳啊，你真的很喜欢这样玩，但是这里是玛丽阿姨的家，我们不得不遵从她的意见。"如果孩子反驳说："但是你让我在我们家的沙发上跳。"我们可以这样回答："这些是玛丽阿姨的规矩，跟我们家里的规矩不一样。"

这个方法只有当主人和客人就他们各自的责任范围有默契时才能实施。当到了玛丽阿姨家时，露西的父母可能想说："这是你的家，只有你知道在这里什么行为是可以接受，什么行为是不可以接受的。如果我的孩子做了你不喜欢的事情，尽管说他们。"对主人来说，要求遵守他们家的规矩是他们的权利，也是他们的责任。而对于拜访的父母来说，他们的责任是暂时放弃纪律维持者的角色。通过这种适当的不干涉，父母可以帮助孩子理解处境的实际情况。

总结

在孩子成长的岁月中，如何处理他们的谎言、偷窃，以及其他一系列错误行为，每一个父母都曾为难、困惑过。威胁、贿赂、许诺、挖苦、粗鲁都不是答案。最有效的解决方法是清楚地表达出我们的价值观。我们不要问那些已经知道答案的问题，最重要的是，我们对待孩子时，要尊重他们，就像我们希望他们尊重我们那样。这种处理孩子不良行为的方法既充满关爱，又不失权威，并且能够加深父母和孩子之间的感情。

第 4 章

责任感：

要求服从，不如传输价值观

世界各地的父母都在寻找教孩子有责任感的方法。在许多家庭里，父母希望通过日常琐事来找到这个问题的解决方法。倒垃圾、做饭、给草坪割草、洗盘子等等，父母相信这些行为对培养孩子的责任感是有效的。而事实上，这些日常琐事尽管对持家很重要，但是可能对培养责任感并没有积极的影响。相反，在有的家庭，这些日常差事还会导致每天的争吵，给孩子和父母都带来苦恼和愤怒。如果强制坚持让孩子做这些日常家务，结果可能会是孩子的顺从，厨房、院子更干净了，但是，这样做对孩子性格的塑造可能有不良的影响。

很明显的事实是责任不可以强加。责任感只能从内心产生，由从家庭中和社区中吸取的价值观中慢慢培养和指导。没有积极的价值观来支撑的责任感可能会危害社会，具有破坏性。帮会成员经常显示出对其他成员以及对帮会的无比忠诚和强烈的责任感。恐怖分子极其郑重地履行他们的责任，即使命令需要牺牲自己的性命，他们也会执行。

责任感的源泉

我们希望我们的孩子能成为有责任感的人，同时希望他们的责任感来源于最高的价值观，包括尊重生命，关注人类的幸福，用常见的词汇来说就是：同情、责任和人道。我们通常不会把责任感放到一个较大的框架中去考虑。我们考虑是不是有责任感，常常是就更具体的方面而言的：孩子乱糟糟的房间、上学迟到、马虎的家庭作业、不情愿的钢琴练习、绷着脸不服从命令，或者态度恶劣，等等。

尽管孩子可能很礼貌，把自己和房间都收拾得很整洁，家庭作业也做对了，但是他们还是会做出不负责任的决定，特别是那些整天被告诉该干什么的孩子，他们很少有机会去实践自己的判断能力，很少有机会自己做出选择、培养自己内心的标准，因此更容易做出不负责任的决定。

而另一方面，那些有机会自己作决定的孩子，在成长中，精神上会变得自立，他们能够像成年人一样选择适合自己的伴侣和工作。

孩子究竟能学到多少我们希望他们知道的东西，取决于他们内心对我们教导的情感的反应。价值观不可以直接传授。孩子只会被那些他们爱戴、尊敬的人同化，通过模仿他们，孩子们吸收了他们的价值观，并且成为孩子自己价值观的一部分。

这样一来，孩子责任感的问题再次回到了父母身上，或者更精确地说，回到了父母的价值观问题上，父母在教育孩子的过程中表达出来的价值观能够加深父母和孩子之间的感情。现在需要考虑的问题是：有没有什么明确的观点和方法，可能会让孩子产生我们预期的责任感？这一章剩下的内容就是从心理学的角度，来尝试回答这个问题。

预期的目标和日常实践

孩子的责任感开始于父母的态度和技巧。态度包括允许孩子有自己的情绪；技巧包括向孩子示范处理情绪的可接受的方法的能力。

要达到这两个要求，有相当大的困难。我们自己的父母和老师没有让我们充分准备好如何处理感情问题，他们自己也不知道如何处理强烈的情绪，当他们遇到孩子的强烈情感爆发时，他们的方法是拒绝、否认、压制，或者美化，他们会使用一些没有帮助的断语：

否定：你并不是真的像你说的那么想的，你知道你爱你的弟弟。

否认：问题不在你，你只是这一天很倒霉，心情不好罢了。

压制：如果你再说一次“恨”这个字，我会狠狠揍你一顿。好孩子不会感觉到恨的。

美化：你并不真的恨你姐姐，可能你不喜欢她，在我们的家庭里，我们没有恨，只有爱。

这样的话没有意识到一个事实，那就是：情感就像一条河流，是无法阻止的。强烈的情感就像密西西比河的河水，不能被否定，无法讲道理，也不能不切实际地空谈。试图忽略这些情感就会导致灾难，它们必须得到承认，它们的力量必须得到认可，必须重视它们，要机智地转移它们的方向。通过这样的疏导，强烈的感情可能会成为我们生活的兴奋剂，给我们的生活带来轻松和欢乐。

这些都是崇高的目标，但是问题依然存在：该采取什么样的措施才能在理想的目标和日常的实践中间搭起一座桥梁呢？我们该从何处着手呢？

长期计划和短期计划

答案似乎存在于制定一个结合了长期和短期努力的计划。首先，我们必须有这样的认识：品质教育取决于我们和孩子的关系，品质特征无法通过语言传输，而必须通过行动来传达。

长期计划的第一步是要关心孩子的想法和情绪，不要针对他们的行为、他们外表的服从或者反抗做出反应，而要对引起这个行为的真实想法做出回应。

我们如何能够意识到孩子的所想、所感呢？孩子会给我们提供线索。他们的情绪会通过他们的言辞、语气、手势、姿态流露出来，我们所要做的就是用耳朵去听、用眼睛去看、用心去感受。我们心里的座右铭是：让我理解，让我表现出我的理解，让我在用词上不要表现出批评和谴责。

当孩子从学校回家时，表现沉默、不活跃、走路拖拉，我们从她的步伐就能看出，她遇到了不开心的事情。依照我们的座右铭，我们不应该用批评的话语开始谈话，例如：

“你那是什么脸啊？”

“你怎么啦？失去了最好的朋友？”

“你这次又干了什么？”

“你今天遇到了什么麻烦？”

既然我们要关心孩子的情绪，我们就应该避免那些只能带来厌恶的评论，避免那些让她希望再也不要回家的评论。孩子有权利获得声称爱他们的父母的同情的回应，而不是嘲笑和讽刺。例如：

“你遇到不开心的事了。”

“今天你不是很顺利。”

“看起来你今天过得很不愉快。”

“有人让你不高兴了。”

比起那些“出什么事了”“你怎么啦”“发生了什么事”的问句，以上的陈述句要更可取。问句表达的是好奇，陈述句则传达同情。不过即使是父母充满同情的话语也不能马上改变孩子的坏情绪，孩子需要时间来吸收父母理解的话语中所表达的爱意。

医治孩子的情感创伤

当丹尼尔告诉妈妈他被学校巴士的司机侮辱和推搡时，妈妈的责任不是寻找司机这么做的动机，也不是给司机找借口，她的任务是充满同情地回答孩子，用下面这样的话给孩子提供情感上的急救：

“那一定让你觉得尴尬极了。”

“你一定觉得很屈辱。”

“那一定让你很生气。”

“那个时候你一定非常讨厌他。”

这样的陈述会向丹尼尔表示他的妈妈理解他的愤怒、伤痛和羞辱，会让丹尼尔明白，当他需要她的时候，她就在那儿。就像孩子摔倒受伤时，父母会马上给孩子提供身体上的急救一样，父母同样需要学会当孩子情感受伤时向孩子提供精神上的急救。

毫无例外，孩子会向他们生活的环境学习。如果他们生活在批评中，他们就学不会负责任，他们学会的是谴责自己，学会寻找别人身上的缺点；他们学会怀疑自己的判断力，轻视自己的能力，怀疑别人的意图。而最重要的是，他们学会了不停地预料即将发生的厄运，并且忍受于此。

让孩子感觉自己出了问题的最简单的方法就是批评。批评使他们在自己心目中的形象越来越渺小。孩子需要的是没有贬低的信息，而不是批评。

一位妈妈看到她七岁的儿子史蒂文用勺子几乎把整罐巧克力布丁舀到一个特大号的碗里，她正要指责他：“你太自私了！你只想到你自己！家里不是就你一个人！”

但是她已经知道这种定性评价的话是没有用的，向孩子指出他不好的人格品质并不能使他变成一个更有爱心的人。她没有说这些定性的话，而是说了一些没有贬低意思的话：“儿子，布丁要分给四个人。”“哦，对不起。”史蒂文回答说，“我不知道，我放回去一些。”

与孩子建立联系

那些因为日常琐事和责任跟孩子陷入战争中的父母应该承认一个事实：这场战争不可能赢。比起我们压制他们，孩子有更多的时间和精力反抗我们。即使我们赢了一场战争，成功地强制实施了我们的意志，但是他们可能会变得无精打采和闷闷不乐，以此来报复我们，或者变得反叛、懈怠。

那么我们的任务就是要和孩子建立联系。我们如何完成这项艰巨的任务呢？要把他们争取过来。这看起来不可能，但是，它只不过是有点难而已，我们有能力完成它，只要我们开始理解孩子的观点，倾听那些引发他们不端行为的情绪。

通过敏感的聆听，父母可以造成孩子令人欣喜的改变。

当父母看上去对孩子的情绪和观点漠不关心时，孩子会感到失望和不满。

举个例子：莎娜的父亲坚持要她跟家里人一起去观看她弟弟的橄榄球比赛，而她对橄榄球不感兴趣，因此拒绝了。她的父亲非常生气，威胁说要断绝她的零花钱，莎娜生气地冲出房子，觉得受到了伤害，觉得父亲不再爱她了。当她的父亲平静下来之后，他从她的角度明白了她拒绝的理由，他希望的只是一家人愉快地外出，却没有尊重他女儿的想法。莎娜回来后，他向莎娜道了歉，承认让她和家人一起观看一场可能让她不高兴的比赛是没有任何道理的。他同时也意识到，如果莎娜最后被逼着去了，她肯定会让其他人都无法安心欣赏橄榄球比赛的。

许多父母对家庭活动、庆祝等事件都幻想着一幅理想的画面，而忽略了一些不好的潜在因素，因此他们设计好的愉快的场合常常遭到破坏。父母需要谨慎选择哪些家庭活动是必须让孩子参加的。让孩子觉得无助、充满怨恨对父母也没有任何益处，只会受罪于一个沉默的、生气的、不开心的孩子。为什么？因为孩子有很多方法报复父母，哪怕他们自己要付出一点代价。

看一看下面这个事例，盖立特是一个喜欢发号施令的人，他决定改变一下对他请来的厨师的态度。

“从现在开始，我要对你友善一些。”

“如果我午饭准备得晚了一点，你不会冲我嚷嚷了？”

“不会。”雇主说。

“如果咖啡不太热，你也不会把它扔到我脸上了？”

“再也不会！”他的老板同情地回答道。

“如果牛排做得不是很成功，你不会扣我薪水了？”

“不会，绝对不会。”盖立特先生重申道。

“好吧，”厨师说，“那么我再也不会朝你的汤里面吐口水了。”

孩子有很多方法报复我们，把我们的生活搅得不愉快。

父母不关心他们的感受和想法的孩子可能会觉得自己的想法是愚蠢的，不值得关注，会认为自己既不可爱，也没人爱。

而那些留神倾听孩子说话的父母，不仅听，而且体谅孩子强烈情感的父母，传达给孩子的信息是：他们的观点和想法是有价值的，是受到重视的。这样的重视会带给孩子自尊。个人价值得到承认的感觉会让孩子更有效地处理身边的人和事。

映射孩子的感觉

你有没有照过游乐园里的哈哈镜，看到镜子里面被夸张、变形的自己？那让你有一种什么样的感觉？可能不太舒服吧。不过你笑了，因为你知道那不过是歪曲的影像，你看起来并不真的是那样的。

但是假设这是你看到过的惟一的自己的影像，你可能会相信镜子里畸形的那个人就是真实的你。如果这是惟一你看过的自己的影像，你就不会怀疑镜子。

孩子也没有理由怀疑从父母那里反射回来的自己的样子，他们接受父母的评价，哪怕是否定的，这些否定的评价通常是说他们愚蠢、懒惰、迟钝、不体谅他人、自私、麻木、不负责任，以及令人讨厌等等。下面这样的话：“你的样子糟透了”，或者“你从来做不对任何事”，或者“你太笨拙了”等等，绝不会帮助孩子觉得自己漂亮、能干或者优雅。很多父母说自己的孩子笨、懒、欺骗，却又希望这样的评价能够激发孩子变成一个聪明、勤劳、诚实的人。

父母否定性的反应很容易扭曲孩子的自我形象。

在一个有关孩子的电视节目中，十二岁的特德问我：“我的父亲说我懒、野、蠢，他说得对吗？我觉得我不是那样的。”

“告诉我，如果你的父亲说你是一个百万富翁，你会相信他吗？”我问。

“不会，我知道我在银行里只有十七元钱，那可不是百万富翁。哦，我明白了，他说我很糟糕，但是并不能因为他这么说，就意味着我真的很糟糕。”特德回答道。

“就像你知道你有多少钱一样，你也知道你是个什么样的人，不要管别人对你说什么，哪怕是你的父亲。因为是你的父亲把你说成那样，而父亲是你爱戴、尊重的人，因此对你来说，确信你不是他描述的那种人会更困难一点。”我向特德反复说明上述观点。否定性的评价——哪怕本意可能是想要纠正孩子的某些缺点——会给孩子带来一辈子的负担。

几年前，著名的大提琴演奏家和人道主义者帕布罗·卡萨奥谈到过孩子以及让孩子觉得自己很特别的重要性。他说：“孩子只知道二加二等于四是不够的，父母应该告诉他们的孩子：‘你真是个奇才！你是个奇迹！这个世界从来没有过像你这样的孩子，以后也不会有！’”

有些孩子很幸运，他们的父母赞成帕布罗·卡萨奥的话，知道如何帮助孩子觉得自己特别。

十岁的伊迪丝和妈妈在百货大楼购物，突然，他们听到一个小男孩的哭声，小男孩看样子是走丢了，过了一会儿，保安发现了小男孩，帮他找他的妈妈。

那天晚上，伊迪丝看上去很难过，她对妈妈说：“我在想，当那个小男孩发现他找不到妈妈时，他是多么的害怕啊。”伊迪丝的妈妈的第一个念头就是安慰她的女儿：“哦，别担心，他们可能很快就找到他的妈妈了。”但是，她并没有这么说，而是决定趁此机会启发伊迪丝的人道意识。

妈妈：伊迪丝，你真的很关心那个走丢了的小男孩。

伊迪丝：我一直在想他看起来多么伤心啊。

妈妈：你表现出了真正的同情，你好像能够感知小男孩的恐惧。

伊迪丝：哎呀，妈妈，我从来没有想过我有什么特别的地方。

预防“愤怒的葡萄”

父母应该自觉避免使用那些能够导致怨恨和厌恶的言辞及评论：

辱骂：你是学校的耻辱，也给家里丢脸。

预言：像你这样子，迟早要进监狱！

威胁：如果你不安静下来，就再也没有零花钱用，也不许再看电视。

谴责：你总是第一个惹麻烦的人。

专横：坐下，闭嘴，吃你的晚饭。

不带抨击地陈述感受和想法

在遇到麻烦时，父母表达出自己的感受和想法，而不攻击孩子的人品和尊严，这样会有效得多。用人称代词“我”开头，父母既可以表达出他们愤怒的情绪，描述孩子不被许可的行为，又不会辱骂或者贬低孩子。举个例子：“我很生气，我一再地要求关小音响的音量，而我的儿子却置若罔闻，我觉得很伤心。”

父母带着敏感的心倾听孩子的话，努力理解孩子的观点，不再说一些尖刻的话语，能够不带辱骂地反映孩子的感受和需要，当父母这样做时，孩子的内心就会开始发生变化。同情的氛围让孩子向父母靠得更近：他们会注意到父母公平、体谅、礼貌的态度，并且模仿。这些变化不是一夜之间就会发生的，但是努力最终会获得回报。

在采用这种态度和做法时，父母在对孩子责任感的教育问题上已经完成了一大半任务。不过，光有榜样还不够。孩子责任感的获得还要靠他或她自己的努力和实践。

当父母的榜样作用创造了良好的学习心态和氛围之后，特定的经历会巩固孩子的学习成果，使之成为孩子品格的一部分。因此，根据孩子心智成熟的不同程度，给予适合他们的特定任务是很重要的。

在大多数家庭里，孩子惹出麻烦，总是父母找到解决方法。要想孩子长大，变得成熟、理智，应该给他们机会，让他们自己解决自己的麻烦。下面就是这样的一个例子。

菲尔的老师带着班级参加周末的滑雪旅行，当十六岁的菲尔到达汽车站时，他的老师不让他参加班级这次五个小时的旅程，因为他忘了带父母的同意书。菲尔气得发狂，当他回到家时，他对妈妈说："妈妈，如果你不开车送我去佛蒙特，你就会损失你付的一百块钱。"

"菲尔，"妈妈回答说，"我知道你多么想去，我也希望我能帮你，但是你知道让我开车送你去是不可能的。"

"我该怎么办?"菲尔嘀咕道。

"有没有想过乘公共汽车去?"妈妈建议说。

"不，因为我必须换乘好多趟车。"菲尔回答道。

"我明白了，你已经决定不乘公共汽车。"妈妈平静地说道。

菲尔接着又嘟囔了几分钟，说他感觉多么不幸，然后他离开了房间。当他回来时，他说他已经找到一辆公共汽车，可以直接到达山区，无需转车。

当他们开车去公共汽车站时，菲尔告诉妈妈，当他听到老师对他说“唔，你忘了带同意书不是我们的错”时，他非常生老师的气，他接着又说：“我已经长大了，你知道我怎么回答她的吗？‘我对发现过错不感兴趣，我关心的是解决问题的办法。’”

“唔，”他的妈妈说，“在遇到难题时，责备是没有用的。”

这位妈妈的沟通技巧帮助她的儿子把情绪转到解决问题上来，结果，他没有把时间浪费在责备和自责上。尽管他开始时希望妈妈能帮助他摆脱困境，但是在受到鼓励后，他还是找到了一个办法去他想去的地方。菲尔的妈妈帮助菲尔找到了解决难题的办法，使他觉得自己是一个能干的、负责任的人。

孩子的发言权和选择

孩子不是一生下来就天生富有责任感的，也不是到了一定年龄就会自动获得责任感，责任感就像钢琴演奏一样，是慢慢获得的，要通过多年的努力，要在日常实践中找一些适合孩子年龄和理解力的事情，来锻炼孩子的判断能力和作选择的能力。

责任感的培养可以从孩子很小的时候就开始。培养孩子的责任感，就是要在跟他们有关系的事情上让他们有发言的机会，如果必要，让他们自己做出选择。发言和选择之间有细微的差别。有些事情完全在孩子自己的责任范围之内，在这些事情上，孩子应该有选择的权利。而有些事情只在我们的责任范围之内，但是对孩子的利益会有影响，在这些事情上，孩了应该有发言权，不过没有选择权，决定要由我们来作，同时要帮助孩子接受必然会发生的事实。需要弄清的是这两个责任范围的区别。让我们来考察几个常见的、会引起孩子和父母冲突的领域。

食物

即使是一个两岁的孩子，我们也可以问他是要半杯牛奶还是满满的一杯牛奶。（对于那些担心孩子总是选择半杯牛奶的父母，他们的问题可以从大半杯牛奶开始。）四岁的孩子，我们可以让他选择是要半个苹果还是一整个苹果。六岁的孩子能自己决定煮鸡蛋是要老一点的还是嫩一点的。

我们应该故意制造一些场景，让孩子自己作决定。父母选择场景，孩子作出选择。

不要问小孩子这样的问题："你早餐想吃什么？"应该这样问小孩子："你想吃炒鸡蛋还是煎鸡蛋？""你想吃烤面包，还是不烤的面包？""你的麦片粥是要热的还是凉的？""你要喝橙汁还是喝牛奶？"

这样的问题传达给孩子一个信息：她需要对自己的事务负一定的责任。她不仅仅是一个接受命令的人，还是影响她生活的决定的参与者。孩子应该能从父母的态度上获得清晰的信息：我们给你提供了很多选项，选择是你自己的责任。

孩子在吃上面遇到的麻烦通常是父母造成的，父母在孩子的口味上加入了太多自己的喜好，他们唠唠叨叨地让孩子吃某种蔬菜，告诉他们（相当不科学）这种蔬菜是多么的有营养。父母对食物不要有太强的喜好，这样对孩子才是最好的。父母提供有营养的、美味的食物，如果跟医学上的建议不相违背，那就由着孩子根据自己的胃口需要吃多吃少。很显然，吃饭是在孩子自己的责任范围之内的。

在有机会的时候，如果不让孩子发言，不让孩子自己作选择，就很难培养孩子觉得自己重要的感觉，下面的例子就说明了这一点。四岁的阿瑟和妈妈坐在一个咖啡店里：

侍者：你们要什么？
阿瑟：我要一个热狗。
妈妈：给他一份牛肉三明治！
侍者：你的热狗上想加点什么，番茄酱还是芥末酱？
阿瑟（转向他的妈妈）：嗨，妈妈，她认为我确实存在！

衣服

在给小孩子买衣服时，决定他们应该穿什么样的衣服，以及该花多少钱，这是我们做父母的责任。在商店里，我们选了几个款式，在价格方面，对我们来说都是可以接受的，可以让孩子选择他或她喜欢的那件穿。因此，即使一个六岁的孩子也能自己选择她的袜子、衬衫、裙子、裤子等等——从他们的父母已经选好的那些衣服中。很多家庭在给孩子买衣服时，孩子没有能够获得经验，没有能够培养任何能力。事实上，有很多成年人，在没有参谋的陪同选择下，无法为自己买上一套衣服。

特别是大一点的孩子，应该让他们根据父母或者朋友的不同接受标准自主地选择衣服。孩子可能希望穿出自己的品味，但是在父母看来这种品味可能不太舒服。只要大一点的孩子可以选择如何花自己的钱，就应该允许他们自己买喜欢的衣服。如果她的同伴嘲笑她，说她的品味很“奇怪”，那么下一次她可能会改变品味来迎合同伴的品味。父母可以放开手，不要去批评、反对、争论，以免导致心情不好，这样的事情可以让她的同学替父母去做。另一方面，有些孩子特别有创造性，父母会很放心让这些孩子穿他们自己喜欢甚至自己设计的衣服，不管他们看上去和同伴有多么不同。

有时候，十几岁的孩子会穿上一件会引起很大争论的衣服，这时，父母可以请孩子考虑一下衣服表达的信息："你希望看上去很不寻常吗？""你希望所有看到你的人都觉得你在性上面很随便吗？"

家庭作业

从小学一年级开始，父母就应该表现出这样的态度：家庭作业完全是孩子和老师的事。父母不应该就家庭作业的事跟孩子唠叨不休，他们不应该监督或者检查孩子的家庭作业，除非孩子要求他们这么做。（这个方针可能跟老师的希望相反。）如果父母接管过家庭作业这个责任，而且孩子让他们这么做了，那么他们就再也无法摆脱这个束缚。家庭作业可能会成为孩子手中的武器，用来惩罚、勒索、利用父母。如果父母对孩子家庭作业的微小细节少一点兴趣，而是用不太明确的话语暗示：家庭作业是你自己的事，你做家庭作业就像我们工作一样。这样的态度会给家庭生活带来很多乐趣，而避免了很多苦恼。

有很多优秀的学校，不给小孩子布置家庭作业，和那些整天被家庭作业缠身的六七岁的小孩子相比，这些学校的学生获得的知识不会更少。家庭作业的主要价值是给孩子提供自己做事的经历。但是，要实现这个价值，家庭作业必须与孩子的能力相适应，这样他们才能在没有其他人帮助的情况下独立完成。直接的帮助只能传达给孩子这样的信息：如果没有父母的参与，他或她是无用的。不过，间接的帮助可能是有用的。举个例子，我们可以让孩子有自己的空间，一张合适的书桌，一些参考书，允许他们使用电脑。我们也可以根据不同的季节，帮助孩子计算出做家庭作业需要的恰当的时间。在春秋季温暖的午后，孩子们的心思第一个肯定是想到玩，然后才是家庭作业。在冬天寒冷的日子里，家庭作业应该是第一位的，如果要看电视，应该在做完作业之后。

有些孩子做作业时，希望在家长身边。他们分析一道题目或者试着理解书中的一段话时，希望爸爸或者妈妈能够听他们说。或者可以允许孩子在厨房或者起居室的桌子上做作业。但是，不要评论孩子的坐姿，不要数落他们的外表是不是整洁，不要叮嘱他们要小心家具。

有些孩子做作业的时候，可能会嚼铅笔、挠头，或者摇晃椅子，甚至听音乐，这样他们才能做得更好。我们对此的评论和阻止只会阻挠孩子，打断他们的脑力工作。在我们要求孩子做某事时，如果表达中带有尊重，保护了孩子的自主权，那么孩子对我们的反抗就会少一些。

孩子在做作业的时候，我们不应该提问题或者吩咐什么小差事去打断他们，这些问题和差事可以等他们做完作业之后再提出来。我们应该站在幕后，给孩子提供安慰和支持，而不是指导和援助。有时候，如果孩子请求我们的指导，我们可以阐明一个观点，或者解释一个句子。但是，我们应该避免说这样的话："如果你不是注意力不集中，你会记得你的作业的。"还有，"如果你听老师讲，你就会知道作业怎么做了。"

我们提供帮助时，应该谨慎，并表示同情，我们更应该听孩子说，而不是说教。我们给孩子把路指出来，但是希望旅行者——孩子——能依靠自己的能力达到目的地。

下面这个事例向我们展示了一位妈妈如何防止一个有关家庭作业的麻烦演变成一场争吵的技巧：海伦，十一岁，从她的书桌旁站了起来，对她的妈妈说，“我不要再做作业了，我太累了。”

父母通常的反应会是：“你是什么意思？你不想再做作业了？你玩起来怎么从来不会累啊？一做作业你就累了。当你拿着糟糕的成绩单回家时，看我管不管你！”

但是，海伦妈妈的回答却是承认女儿的情绪：“我能看出来你很累，你一直学得很努力，当你休息好了，准备好了，再来做作业。”

父母对学校和老师的态度会影响孩子对家庭作业的态度。如果父母经常性地指责学校、轻视老师，孩子会得出明显的结论。父母应该支持老师的立场，支持对家庭作业负责的方针。当老师很严格的时候，父母就有一个非常好的机会表达他们的同情：

“这一年很不轻松——这么多作业！”

“今年真的很辛苦。”

“她一定是一个严厉的老师。”

“我听说她要求很多。”

“我听说她对家庭作业要求特别严格。我猜今年会有很多家庭作业。”

不要每天在家庭作业的问题上向孩子发脾气，例如：“听着，安贝尔，从现在开始，你每天下午都要做拼写作业，包括星期六和星期天下午。不许再玩，也不许再看电视。”或者“罗杰！我已经厌烦了每天提醒你做作业，爸爸会来检查你有没有专心做作业，如果你没有，你会后悔的。”

在对待家庭作业的问题上，威胁和唠叨是父母常见的方式，因为这让父母相信他们已经采取了一些措施。而事实上，这样的警告不仅无用，而且危害更大。而紧张气氛带来的唯一后果就是被激怒的父母和生气的孩子。

伊凡十四岁，他的父母收到学校寄来的一封不满的书信——伊凡在学习上落后了。他父亲的第一反应就是叫他的儿子过来，好好数落他一顿，惩罚他一下：“听着，儿子，从现在开始，你要每天做作业，包括周末和假日。不许看电影，不许看电视，不许看录像，也不许去拜访朋友。我要确信你已经开始认真考虑学习的事情了。”

这样的话，以前已经说了很多次，但是结果总是父亲大发脾气，儿子不顺从。不断增加的压力只是增加了伊凡的反抗。他变成了找借口、伪装的专家。

这一次，伊凡的父亲没有使用威胁和惩罚的手段，而是求助于儿子的自尊。他把老师的信给伊凡看，然后说：“儿子，我们希望你能做得更好一点，希望你学到更多的知识，更有见识。世界需要能干的人，世上还有很多问题有待解决，你可以起到帮助作用的。”

伊凡被他父亲的话和语气深深打动了，他说：“我一定会更认真地学习。”

许多有能力的孩子迟交家庭作业，在学校成绩落后，这是他们对父母期望的无意识地反抗。要想长大，变得成熟，他们需要独立存在的感觉，需要摆脱爸爸妈妈的束缚。当父母过分关注孩子在学校的成绩单时，孩子的自主性就会受到威胁。如果家庭作业和高分是父母花冠上的钻石，孩子可能不自觉地想带回家一个长满杂草的花冠，至少那是他或她自己的。达不到父母的目标，这会让年轻的反叛者获得一种独立的感觉。因此，对个性和独特的追求可能会使孩子不顾父母的压力和惩罚，走向失败。就像一个孩子说的那样："他们能够拿走电视，取消我的零花钱，但是他们无法抹掉我不及格的分数。"

很显然，抵触学习并不是一个简简单单的问题，对孩子严厉或者宽大都解决不了问题。不断施压可能会增加孩子的抵触心理，而放任的态度可能会给孩子造成一种印象：父母接受他的不成熟和不负责任。没有轻松的解决方法，也没有快速的解决方法。有些孩子可能需要心理治疗，来解决他们对父母的反抗心理，获得令人满意的成绩和进步，发挥他们未能充分发挥的学习潜力。

有些孩子可能需要精神上的导师来指导，像学校的辅导员，或者敏感的老师。父母绝对不能做这种辅导工作。我们的目标是要告诉孩子他们是独立于我们之外的，他们自己对他们的成功和失败负责。当我们允许孩子带着自发的需要和目标，独立地体验自己的人生时，他或她就开始承担起了责任，要为自己的生活及生活所需负责。

零用钱：认识到钱的意义

零用钱不应该是作为对好的行为的奖赏或者做家务的报酬来付给孩子。它是一种教育手段，有明确的目的：给孩子提供使用金钱的经历，从中锻炼孩子选择和承担责任的能力。因此，对零用钱实施监督就完全达不到零用钱的目的了。我们所需要做的是，制定一个大体的方针，规定零花钱的支出范围：请朋友吃饭，送朋友礼物、午饭、学校用品等等。随着孩子年龄的增长，零用钱的数量也要增加，以应付额外的开支和花费，例如：俱乐部会员会费、娱乐消费、衣物饰品等等。有些孩子控制不好预算，一拿到零用钱很快就花了很多。对这种零花钱的滥用行为，父母应该和孩子商讨，用一种像处理公事的态度，这样才能得到双方都同意的解决办法。还是说这个花钱太快的问题，可能需要把零用钱分成几批给孩子，一周两次或更多次。零用钱本身不应该成为悬在孩子头上的大棒，对孩子施加压力，让他取得好成绩，或者变得听话。父母也不应该在气头上随意停发零用钱，或者一时高兴，随意增加零花钱。对于这样的安排，即使是孩子也不会感到舒服。就像下面这件趣事显示的一样：

妈妈：你一直表现很乖，给你些钱去看电影。

儿子：你不必再给我钱了，我不要任何东西，也会很乖的。

什么是合理的零用钱？这个问题没有普遍适用的答案。零用钱应该符合我们的预算，不要管邻居的标准，我们不应该被迫拿出超过我们能够充裕提供的零用钱，如果孩子抗议，我们可以真诚地、同情地告诉他或她："我们希望能给你更多零花钱，但是我们的预算有限。"这个方法要比努力让孩子相信他或她真的不需要那么多钱好得多。

金钱就像权力，对于没有经验的人来说，很容易处理失当。零用钱的数量不应该超过孩子能够控制的范围。最好从很少的量开始给起，然后再随着时间慢慢调整，这要比一次给孩子很多钱，增加他的负担要好得多。当孩子开始上学，学会了数钱和找零钱时，就应该给孩子零用钱了。零用钱有一个基本的条件：在固定的支出之后，余留下来的零钱应该归孩子自己保存或花费。

照顾宠物：提供关爱的共同事业

当孩子保证说要照顾宠物时，他只是表达出了良好的意图，并不表示他有了这个能力。孩子可能需要一个宠物，希望有一个宠物，喜欢一个宠物，但是他或她很少能正确地照顾宠物。照顾动物生活的责任不应该让孩子单独承担。为了避免受挫和互相指责，最好假定孩子的宠物就是家长的工作。孩子有一个宠物玩耍，有一个宠物来爱，可能会让孩子受益匪浅。他或她也可能从分享对宠物的关心中受益，但是照顾宠物生命和健康的责任必须由大人来承担。孩子可能会同意负责喂宠物，但是还是需要父母在一旁提供好心的提醒。

冲突领域和责任范围

如果我们的要求中带有尊重，维护孩子的自主性，孩子对我们的反抗就会少一些。

一位妈妈要求她的孩子收拾桌子，但是他们拖着没做，妈妈很生气，要是在过去，她会冲他们嚷，并且威胁他们。但是这一次，她陈述了事实，而不是威胁："桌子收拾好了，我就会上甜点。"孩子们立刻忙起来，这让她明白她说到了重点。

孩子会对那些不是命令的简短陈述作出回应。一个寒冷、多风的日子，九岁的托德说："今天我想穿牛仔外套。"他的妈妈回答说："去看一下温度计，超过三摄氏度就让你穿牛仔外套，如果低于三度，要穿冬衣。"托德去检查了温度计，说："哦，零下三度。"他穿上了他的冬衣。

以前，当七岁的阿米莉娅和九岁的拉里在起居室里玩球的时候，他们的父亲会大喊：“我跟你们说过多少次了？起居室不是球场！这里有很贵的东西，你们会打碎它们的，你们真是太不负责任了！”但是，这一次他决定给孩子一个选择的机会，来处理这个不断发生的状况：“孩子们，你们有一个选择，一，出去玩；二，不要玩。你们决定吧。”

乔治的妈妈再也无法忍受她十三岁儿子的长头发了，她想出了一个策略，可以保留儿子的自主权和尊严。她给了乔治一个选择。她说：“你的头发已经到你的肩膀了，需要修剪一下，如何剪你可以自己决定，你可以去理发店，也可以自己剪。”“你别想让我去理发店，”乔治回答说，“如果必须剪的话，我会自己剪。”

第二天，乔治拿回家一把很特殊的剃刀梳子，他让妈妈帮他从后面先粗略地剪了一剪子，然后他花了一个小时剪他的头发，当他从浴室出来时，洋洋得意地说：“看上去不错，是吧？”他容光焕发。

乔治的妈妈讲述时说：“我很高兴我没有唠叨，没有嚷嚷，没有强迫他，相反，我给了儿子一个选择，这是我帮他保存颜面的方法。”

写纸条经常能够完成口头意见无法完成的事情。

一位家长，厌倦了唠叨，尝试了一个征募做家务的幽默广告：

招聘——10 到 12 岁的年轻人，必须强壮、聪明、勇敢，并且能够击退野生动物，能够穿过从房子到垃圾桶之间的浓密的矮树丛。求职者请在洗碗机和厨房水槽拐角处排队。

招聘——漂亮的公主或王子，帮助为皇家盛宴布置宴会餐桌。

招聘引来了孩子们的大笑，而让家长最高兴的是孩子们的态度，他们毫无怨言地承担了责任。

音乐课：保持家庭和谐

当孩子在家里演奏一种乐器时，父母迟早会听到“一支熟悉的曲子”：“我不想再练习了。”要想客观地面对“这支曲子”，可不是一件容易的事。

父母经常问，在孩子的音乐课上，如何激发孩子的兴趣。下面就看看一位妈妈是如何用赞赏性的提问完成这个任务的。

七岁的安在弹一支钢琴曲，这是她第一次双手弹琴。

妈妈：你以前弹过这支曲子吗？

安：没有。

妈妈：你是说这是你第一次弹这支曲子？

安：是的。你以为我以前弹过？

妈妈：是的。

安：那我看一眼乐谱就能演奏出来的本领肯定提高了，连我的老师都注意到了。

妈妈：一定是的。

安继续热情地弹着钢琴，安的妈妈故意问这些问题，以增强女儿对自己音乐才能的信心。

相反，批评只会扼杀孩子的动力。

迈克尔十岁，学小提琴已经超过一年了。他的父母喜欢批评和讽刺，在他每节课后，他们都要评价一下他的进步。在他练习一支新的曲子时，会很慢，而且有很多错误，这时，他的父亲会大喊："你就不能少点错误吗？不要自己瞎编曲子！跟着乐谱！"结果很容易料到，迈克尔停止了拉小提琴。

为了掌握演奏一种乐器的技巧，孩子需要对他们努力的赞赏，而不是对他们错误的批评。错误是可以纠正的，不是抨击孩子能力的理由。当孩子拒绝去上音乐课时，许多父母会跟孩子解释，甚至威胁。下面是一些可供选择的更有效的方法。

玛西娅（八岁）：我不要再上小提琴课了。老师希望我能把每一支曲子都演奏得十分完美，但是我做不到。

妈妈：小提琴是一种很难学的乐器，很不容易演奏，不是所有的人都能拉小提琴的，要想掌握它，需要坚强的意志。

玛西娅：我练习的时候你能陪着我吗？

妈妈：如果你希望我这么做的话，我当然能陪着你。

这位妈妈故意没有反驳或者威胁，她并没有告诉女儿该如何去做："如果你勤加练习，你会演奏得更好的。"她理解这项任务的困难，给孩子提供了象征性的帮助。这种方法似乎给玛西娅提供了必要的鼓励，使得她把她的音乐课继续了下去。

拉里十岁，一直在抱怨他的音乐老师。他的妈妈并没有试图改变他的想法，而是承认了拉里的反感，给他提供了一些选择：

拉里：我的钢琴老师对我要求太多了，她话也太多了，我问一个问题，她就能给我上一堂课。

妈妈：你有没有想过放假，暂时不去上钢琴课了？你放假期间，我可以再去找另一个钢琴老师。

拉里（吓了一跳）：你想取消我的音乐课？音乐对我太重要

了，我绝不会放弃。

妈妈：是的，我能听得出你多么珍惜你的音乐课。

拉里：也许老师并不是那么糟糕，我真的从她那儿学到了很多东西，我想我应该再给她一次机会。

拉里的妈妈让拉里自己改变了主意，因为她没有和他争论他的抱怨。当父母尊重孩子的感受和想法时，孩子就会考虑到父母的愿望。

索尼亚（十一岁）：我不想再去上钢琴课了，那是浪费时间，浪费钱，我想上网球课。

父亲：一定只能两者选其一吗？

索尼亚：如果我继续上钢琴课，你一定会不断唠叨让我练习钢琴，我想避免争吵。

父亲：我会努力试着不向你唠叨，我会信任你自己的练习时间表。

父女俩没再多说什么，索尼亚开始了她的网球课，同时也没有放弃钢琴课。

一些父母记得自己曾经也被迫参加过音乐课程，决定不让孩子再受这种罪，他们得出结论：孩子要不要演奏乐器不是他们作父母的问题，而是孩子自己的问题。让孩子自己决定要不要练习，根据他们自己的意愿，想练习的时候就练习，只有学费依然是父母的责任，而练习乐器应当被视为孩子自己的责任。

而有些父母则记得他们在学习音乐时的过分纵容所带来的后悔，因此决定不管发生什么事，孩子都要演奏音乐。甚至在孩子还没有出生前，他们就已经为她准备好了乐器。一旦她能够拿住小提琴了，能够吹喇叭了，能够在钢琴上敲打了，她就要开始练习预先决定的乐器。孩子的眼泪和怒气会被漠视不理，她的反抗也会被压制。父母的话又大声又清晰：“我们付钱，你演奏。”在这样的情况下，孩子可能会获得音乐上的进步，也可能不会进步，但是，整个计划所需要的代价可能很高。如果后果包括长期扰乱父母和孩子之间的关系，那么代价就太大了。

童年阶段的音乐教育，其主要目的在于给情感提供一个有效的出口。孩子的生活中充满各种各样的束缚、管制和挫折，因此排遣的渠道是不可或缺的。音乐是最好的消遣途径之一，它把你的愤怒说出来，把你的欢乐表达出来，让你紧张的情绪得到放松。

父母和老师通常不会从这个角度来看待音乐的用途，他们中的大多数人寻求使优美旋律重现的技巧。这样的话，不可避免地会涉及到对孩子的表现和人格的评价和批评。不幸的是，大多数结果通常都很相似：孩子试图放弃课程，避开老师，中止音乐“生涯”。在许多家庭里，被废弃的提琴，不再弹奏的钢琴，或者沉默的长笛都成了痛苦的回忆，使你想起那些受挫的努力和未能实现的希望。

父母能做什么呢？父母的工作是找一位亲切、体贴的老师，一个了解孩子就像了解音乐一样的老师。老师掌握着孩子对音乐保持连续兴趣的钥匙，老师能够打开时机之门，也能关上时机之门。老师最关键的任务是要获得孩子的尊重和信心。如果老师不能做到这点，他就无法胜任指导工作：孩子不可能从他厌恶的老师那里学会热爱音乐。而老师情感上的音调比老师的乐器更能引起孩子的共鸣。

为了预防可避免的麻烦，老师、父母和孩子应该讨论——

并且同意——几条基本规则，下面就举一些例子：

1. 不能取消课程，除非在约定时间的至少前一天通知老师。

2. 如果约定的课不得不取消，让孩子自己，而不是父母打电话通知老师。

3. 在选择音乐练习的时间和进度上，提供给孩子切合实际的回旋余地。

这些规则不赞成在最后一分钟情绪化地取消课程，这能够促进孩子的独立意识和责任感，同时也向孩子表明，我们重视音乐，更尊重感觉和思想。

不应该就练习的事情向孩子唠叨不休。不需要提醒孩子乐器有多贵，父亲多么努力地工作赚钱，这样的话只能使孩子产生内疚和不满，既不会增加孩子对音乐的敏感性，也不会增加他们对音乐的兴趣。

父母应该避免预测孩子“伟大”的音乐天分，下面这样的话是非常让人沮丧的：“你有非凡的天赋，如果你肯用它们。”“你只要专心，你就能成为第二个比利·乔。”孩子们可能会觉得维持父母幻想的最好办法就是不去检验它们。孩子的座右铭可能会变成：“如果我不去试，就不会让我的父母失望。”

孩子最受到鼓励的时候，是他或她知道困难被理解的时候。六岁的罗斯琳在上第三堂钢琴课时，必须尝试一个新技巧：用两只手弹奏一个八音符的音阶，老师非常熟练地向她演示了一遍，说，“看，这很容易。现在你来试试。”罗斯琳很不情愿地、笨拙地、努力地模仿着老师，可是很不成功，这堂课结束后，罗斯琳回到家，感到非常气馁。

在练习时间，她的妈妈跟老师不一样，她说："用一只手弹八音符的音阶就很不容易了，两只手弹更难。"罗斯琳欣然同意。在钢琴边，她慢慢地用正确的手指弹出了正确的音符。妈妈说："我能听到正确的音符，我能看到正确的手指。"她的女儿显然非常满意，回答说："真的很难。"那天罗斯琳不停地练习，超过了原先约定的时间。在这个星期，她给自己制定了更难的任务，一直到她学会了蒙住眼睛也能弹出八度音阶时，她才满意。当孩子面临困难时，同情的理解比起意见、赞扬，或者现成的、即时的解决办法更容易鼓励孩子。

家长会：

把问题集中在如何帮助孩子上

家长会可能会让父母畏缩，因为在家长会上，父母经常需要倾听老师对他们孩子的令人不高兴的、批评性的评论。父母如何把家长会变成有建设性的经历呢？

唐的父亲来参加家长会，准备好了（本子和笔）作记录，并且把任何对他儿子否定性的评价都转化成了肯定的行为。

父亲：唐今年表现如何？

老师：唔，让我告诉你，你的儿子不能按时到校，他不做家庭作业，他的笔记本一塌糊涂。

父亲（记录）：哦，你的意思是说唐需要改进，要准时到校、做家庭作业、保持笔记本整洁。

当唐的父亲从家长会回到家时，十岁的唐问："老师跟你都说我什么了?”他的父亲说：“我把她说的话写下来了，如果你想知道你可以自己看。”唐等着看他已经很熟悉的对他不良行为和家庭作业的评语，但是当他看到父亲的笔记时，他惊讶了。唐和他的父亲从这个笔记中都得到了益处，它帮助他们把精神集中在如何改进上，而不是过去的缺点上。这样做避免了责备，提供了指导和希望。

每一个家长会都可以以这样有建设性的笔记结束，例如：

“哈里特需要改进，应该把自己看成一个有责任的人，值得尊重的人，有能力把学习搞好。”

“弗兰克需要改进，应该把自己看成一个能对班级讨论做贡献的人。”

“西莉亚需要改进，在表达愤怒时不要辱骂别人，应该用和平的方式解决争论。”

“比尔需要改进，应该学会独立学习，独立完成家庭作业。”

当孩子转学时，新学校通常会要求他们重读原先离开的那个年级，对很多父母来说，这是一件很困难、很尴尬的事情。

鲍勃九岁，当他的妈妈得知他告诉他的朋友在新学校他要重读四年级时，他的妈妈非常生气，大声说道：“你告诉你的朋友你要重读四年级，你还怎么期望你的朋友尊重你呢？现在你明白为什么他们不想和你有任何关系了。”

如果她就重读四年级这件事和鲍勃分担一下她的尴尬，她就不会造成这么大的伤害了：“我真希望新学校让你重读四年级这件事没有让我感到尴尬，我担心你的朋友会觉得你很笨，不过我希望你不要也这么认为，毕竟，你重读四年级是因为你转入了一个更难的学校。”

十二岁的奥莉维亚转了两次学，第一次从公立学校转入一个私立学校，被安排到六年级，而她已经读完六年级的课程了。但是第二次转学时，她从八年级跳到了十年级。这是不是意味着她的父母有一个六年级的愚蠢的女儿，一个十年级却聪明起来的女儿？他们第一次转学时应该感到羞愧，而两年后又感到骄傲吗？羞愧和骄傲都不会有任何帮助。奥莉维亚需要从父母那儿得到的不是对她智力的评价，而是需要他们表达出对她适应新学校要求的能力的信心。

朋友和玩伴：监督孩子的社交

理论上讲，我们希望我们的孩子选择自己的朋友。我们信仰自由，我们反对压迫，我们知道，自由的交往是民主的基本权利。但是，孩子带回家的“朋友”经常让我们觉得难以接受。我们可能不喜欢恶棍，不喜欢势利小人，或者很难忍受态度恶劣的孩子，但是除非他们的行为真的让我们忧心如焚，否则在干涉孩子的选择前，最好还是先观察一下他们的偏好和吸引力。

在评价孩子对朋友的选择上，我们该用什么样的标准呢？

朋友之间应该有互相帮助、互相纠正的影响。孩子需要机会跟和他自己性格不同或互补的人交往，因此，内向的孩子需要性格更外向一点的同伴；一个受到过分溺爱的孩子需要性格自主、独立的玩伴；胆小的孩子需要跟更勇敢的年青人在一起；一个不成熟的孩子可以从一个比他大的朋友那里获得益处；太依赖想象力的孩子需要更平实一点的孩子来中和一下；富有侵略性的孩子需要受到强壮但不好斗的伙伴的抑制。我们的目的是鼓励互相补偿的关系，让孩子和那些跟他们性格不同的朋友多多接触。

有一些关系需要阻止。幼稚的孩子在一起，只能互相吸收对方的幼稚；好斗的孩子在一起，只会增强各自的侵略性；非常内向的孩子在一起，就无法参加足够的平等交换意见的社交活动；违法的孩子在一起，可能会增强各自反社会的倾向。要特别小心那些美化犯罪行为的孩子成为主要的“朋友”，因为他们的“经验”较多，可能在学校或者邻里之间获得英雄般的地位，成为不受欢迎的典型。

除非和孩子的朋友接触了，否则父母无法影响孩子的友谊。父母可以邀请孩子带他们的朋友来家里，可以去熟悉孩子朋友的父母，可以观察不同朋友对自己的孩子造成的影响。

允许孩子为选择自己的朋友负责，同时我们也要承担责任，确保他们的选择有益，这需要一个精密的体系来监督和平衡。

培养孩子的独立性

好的父母，就像好的老师，要让自己渐渐成为孩子可有可无的人物。父母应该让孩子自己作决定，运用自己的力量，对于这样的关系，父母会很满意。在和孩子的谈话中，我们可以有意识地使用一些句子，暗示我们相信他们有能力为自己作出明智的决定。因此，当我们内心对孩子的要求的回应是“好的”时，我们可以构思一些陈述句来表达我们的观点，培养孩子的独立意识。下面有一些这样的表达方式：

“如果你想的话。”

“如果你真的希望。”

“你来决定这件事。”

“这真的取决于你自己。”

“这完全是你的选择。”

“不管你作出什么决定，我都没问题。”

我们回答“好的”，可能会使孩子感到满足，但是其他的陈述会给孩子额外的满意，因为他们自己作出了决定，他们会很高兴我们对他们的信任。

我们所有的父母都希望我们的孩子能够成为一个有责任感的成年人。如果没有尊重，责任的教导会误入歧途。家务事、食物、家庭作业、零用钱、宠物、友谊，在这些领域，父母的指导是很重要的。孩子朝着独立的方向努力，我们的指导要想获得预期的效果，必须要对他们的努力保持敏感，要表示理解。

第 5 章

纪律：
寻找替代惩罚的有效手段

内科医师有一句座右铭："Primum non nocere。"意思是"首要原则是不伤害病人。"父母也需要类似的规定来帮助自己，在约束孩子守纪律的过程中，不要对孩子情感上的快乐造成伤害。

纪律的关键在于寻找惩罚的有效替代手段。

威廉姆斯夫人要去给那些有过失的男生上第一次课，她很担心。当她轻快地走上讲台时，她绊了一下，摔倒了，课堂里爆发出哄堂大笑。威廉姆斯夫人没有惩罚那些嘲笑她的学生，而是慢慢站起来，直起身子，说："这是我给你们的第一个教训：一个人会摔倒趴下，但是依然可以再站起来。"教室里寂静无声，孩子们接受了这个教训。

威廉姆斯夫人是一个真正的训导者，所有的父母也可以像她这样，只要他们使用智慧的力量，而不是用威胁和惩罚来影响孩子的行为。

当父母惩罚孩子的时候，孩子会怨恨父母，当他们内心充满愤怒和怨恨时，是不可能听得进父母的话，不可能集中注意力的。在训诫孩子时，任何可能会导致愤怒的行为都应该避免，而那些会增强自信、增强自尊，并且尊重他人的方法应该大力提倡。

当父母激怒孩子时会发生什么？孩子会开始憎恨自己，憎恨父母，他们希望公平，于是开始全神贯注于报复的幻想中。当七岁的罗杰被父亲惩罚、出丑后，他撤退到一个幻想的世界中，在那个幻想的世界中，他潜心研究父亲的葬礼安排。

为什么父母会激怒孩子？不是因为他们不和蔼，而是因为他们不懂得方法。他们没有意识到他们的那句话是有破坏性的。他们很严厉，是因为没有人告诉他们如何在不骂孩子的前提下处理棘手的问题。

一位妈妈讲述了下面的事：一天，她的儿子佛瑞德从学校回到家，一开门就大声嚷嚷："我恨我的老师，她当着我朋友的面冲我大声叫，她说我说话扰乱了课堂秩序，然后她惩罚我，让我整堂课站在大厅里。我再也不要回学校了！"

儿子的怒气让这位妈妈失去了平静，于是她不假思索地把心里所想的话脱口而出："你知道得很清楚，你应该遵守纪律，你不能想讲话就讲话，如果你不听话，你就会受到惩罚，我希望你已经得到了教训。"

当妈妈如此回应了儿子的烦躁情绪后，儿子也非常生妈妈的气。

如果佛瑞德的妈妈没有说上面那些话，而是说："站在大厅里多尴尬啊！当着朋友的面冲你嚷嚷也很让人丢脸！怪不得你要生气。没有人喜欢遭到那样的对待。"这样同情的回应说出了佛瑞德烦躁的情绪，会消除他的怒气，让他感到妈妈对他的理解和爱。

有些父母会担心，如果他们承认孩子的烦躁，提供情感上的急救，会给孩子传达出这样一个信息：他们不担心孩子的不良行为。但是，就像上面提到的佛瑞德的妈妈一样，她儿子的捣乱行为是发生在学校里，而老师已经处理过了。她苦恼的儿子从她那儿需要的不是额外的训斥，而是同情的话语和理解的心情，他希望妈妈能帮助他消除心烦。移情作用——父母理解孩子情绪的能力——是培养孩子的重要的、有价值的因素。

前不久，在一个电子商店，店主对我说："我听过你讨论纪律问题，我不同意你的观点。"他伸出他的手掌，"这是我的心理学。"他骄傲地说。

我问他是不是在修理录像机或者电视机时，也用同样的"巴掌方法"，"哦，不。"他回答说，"那些需要技巧和知识，这些都是精密的仪器。"

孩子也需要有技巧、有知识的父母，需要父母理解"巴掌方法"对他们是没有用的，就像对电视机没有用一样，它不可能达到目的。没有孩子在受到惩罚后会对自己说："我要改，我要更有责任、更合作，因为我希望让惩罚我的大人高兴。"

纪律就像外科手术，需要精确，不能随意下刀，不能草率地抨击孩子。下面常见的谬误出自一位母亲之口，更加强调了我们面临的挑战："我已经意识到我的一个自相矛盾之处，我经常使用的手段与我努力想从我孩子身上根除的毛病很相像。我提高声音让他们不要吵，我使用暴力阻止他们打架，我对不懂礼貌的孩子很粗鲁，我会责骂说话不文明的孩子。"

不端行为和惩罚不是对立的两个方面，不能互相抵消，相反，它们会互相滋养、互相增强。惩罚无法制止不当行为，只会让肇事者在躲避侦查上更有技巧。在孩子受到惩罚后，他们会想办法更加小心，而不是更顺从，或更有责任心。

父母的矛盾心态：需要更好的方法

在训诫孩子时，我们的方法和上辈们的方法有什么不同呢？我们的父母和祖父母训诫孩子时有权威，而我们的做法却是犹豫不决的。即使是错了，父辈们依然做得很安心，而我们即使是对的，做的时候看上去还是带着疑惑。在涉及孩子的问题上，我们的犹豫来自哪里？儿童心理学家告诫我们，一个不快乐的童年会造成多么严重的后果，我们深深担忧自己会毁了孩子的一生。

被爱的需要

大多数父母都爱他们的孩子，但是并不是时时刻刻都迫切需要被孩子来爱，这一点很重要。有些父母需要孩子只是为了获得婚姻的合理性，或者生活的意义，这些父母就处于不利地位。因为担心失去孩子的爱，所以他们不敢否定孩子的任何事情，包括对家庭的掌控。觉察到父母对爱的渴望，孩子就会毫无怜悯地加以利用。

许多孩子就学会了用不再爱父母来威胁父母，他们会赤裸裸地勒索父母，说："如果……我就不再爱你。"悲剧不在孩子的威胁本身，而是父母感到害怕的事实，有些父母会真的被孩子的话所震动，他们哭着哀求孩子继续爱他们，为了爱抚孩子，他们会对孩子过分纵容。这对父母和孩子都是有害的。

一天晚上，吃完晚饭后，十四岁的吉尔，请求去朋友家做一个学校布置的项目，父亲重申了一遍家庭规矩："不是周末，晚上不能出去。"吉尔争辩说，这次去朋友家不是社交活动，而是有关家庭作业的。父亲缓和了下来，同意了，吉尔走之前保证十点半之前一定回家。

她十点半时还没回家，父亲给她打电话。"我已经决定今晚留下来。"吉尔告诉他。他非常生气，两个人在电话里吵了一顿，父亲命令吉尔回家。吉尔的父亲没有意识到，他让吉尔出去就打破了他的规矩，这给了他女儿一个信息：如果规矩可以不遵守，那么保证也可以不遵守。第二天，吉尔甚至还跟父亲自夸："我总是能让你做我希望的事情，任何事我都能说服你。"

这件事父亲告诉了很多人，这让他非常困惑。他不明白为什么他制定规矩那么容易，而执行起来却那么难。他不得不承认吉尔说的，她能说服他答应任何事。只有当他意识到被吉尔拒绝多么心痛，他多么需要女儿的爱时，他才能对女儿说"不"，并且是认真的。

宽容和过分纵容

什么是宽容？什么是过分纵容？宽容就是接受孩子的孩子气的一种态度，意思是接受这样的一种观点："孩子总归是孩子。"干净的衬衫穿在正常的孩子身上，干净不会保持很久，孩子正常的活动方式更多时候是跑而不是走，树是用来爬的，镜子是用来做鬼脸的。

宽容的关键在于接受孩子拥有宪法规定的各种权利，有各种各样的情绪和愿望。愿望的自由是绝对的，不受任何限制的。

所有的情绪和幻想、所有的想法和愿望、所有的梦想和渴望，不管内容如何，都应该接受，都应该受到尊重，并且可以允许通过适当的方式表达出来。鱼儿会游泳，鸟儿会飞翔，人类会感知。孩子无法控制该如何感知，但是他们对表达这些感觉的方式负有责任。因此，他们无需对自己的感觉负责，但要对自己的行为负责。破坏性的行为是不被允许的，如果发生了这样的行为，父母就应该介入，使孩子把情绪通过言语发泄出来，或者通过其他象征性的渠道。允许的象征性的渠道包括画“卑鄙”的画，绕着街区跑步，把恶毒的愿望录在磁带上，写刻薄的诗，写神秘的谋杀故事，等等。简而言之，宽容就是接受想像的和象征性的行为。过分纵容是允许不良行为。对孩子宽容，接受他们所有的感觉能够带来信心，增强孩子表达情绪和想法的能力。过分纵容会带来焦虑，增加孩子对特权的要求，这些特权是不能同意的。

允许情绪，但要限制行为

这种纪律的基础在于愿望、情绪和行为之间的差别。我们限制行为，但是不限制愿望或者情绪。

大多数的纪律问题包括两个部分：愤怒的情绪和愤怒的行为。不同的部分应该不同地处理。情绪应该得到理解地处理，行为可能需要限制和纠正。有时，理解孩子的情绪可能就已经足够解决问题了：

妈妈：你今天看上去很生气。

罗南：我是很生气！

妈妈：你心里感觉有点不舒服。

罗南：你说对了！

妈妈：你生某人的气。

罗南：是的，我生你的气。

妈妈：你为什么不告诉我呢？

罗南：你没有带我去参加小小联盟比赛，但是你带史蒂文去了。

妈妈：是这个让你生气啊，我打赌你一定在心里说："她爱他超过爱我。"

罗南：是的。

妈妈：有时你真的那么想。

罗南：我确实会这么想。

妈妈：你要知道，亲爱的，当你这么想的时候，应该过来告诉我。

有些时候，必须要有限制。当四岁的玛格丽特想割掉猫的尾巴"看看里面有什么"时，他的父亲接受了她的科学好奇心，但是毫不迟疑地阻止了她的行为，"我知道你想看看它里面是什么样子，但是猫儿的尾巴是不能割掉的，让我们看看能不能找到一张图来告诉你它里面是什么样子。"

当妈妈看到五岁的特德在起居室的墙上乱画时，她的第一反应就是想揍他，但是他看上去那么害怕，她不忍心过去打他，于是她说："不，特德，墙不是用来画画的，纸才是用来画画的，给你三张纸。"妈妈开始擦墙，特德非常感激，说道："妈妈，我爱你。"

将这个例子和另外一家类似的弄脏墙的处理方法比较："你在干什么？你怎么了你？你不知道不能弄脏墙啊？我真不知道该拿你怎么办。"

有用和无用的训诫方法

训诫孩子时有用和无用的方法有巨大的差别。在训诫孩子的时候，父母有时会制止不良行为，但是却忽视导致该行为的驱动力。限制如果是在愤怒的争吵中作出的，往往没有条理，不连贯，并且无礼。甚至训诫有时是在孩子几乎不可能听得进去的情况下进行的，而说出的话也最可能引起孩子的反抗。那样经常会给孩子留下不好的印象，觉得不仅他们的行为遭到批评，连他们自己也不是好人了。

当我们用有用的方法训诫孩子时，我们帮助他们，不仅关注他们的行为，也关注他们的情绪。父母应该允许孩子说出他们的想法，但是要限制、指导他们的不良行为。在作出限制时，态度既要保持父母的自尊，也要保持孩子的自尊。限制既不能专断，也不能反复无常，而是要有教育意义，能塑造人品。在实施限制时，不能使用暴力或者过度的愤怒。孩子对限制的反感应该能够预料到，并且要理解他们的这种反感，不能因为孩子怨恨禁令而额外惩罚他们。

这样的纪律可能会使孩子自愿接受限制和改变某种行为。从这个意义来说，父母的训诫可能最终会带来孩子的自律。通过认同父母和父母体现出来的价值，孩子内心会获得自我调整的标准。

纪律的三个领域：鼓励、允许、禁止

对于可接受和不可接受的行为，孩子需要一个明确的界限。

当他们知道允许的行为的边界时，他们会觉得更安全。我们把孩子的行为分成三个不同的领域：

第一个领域包括我们希望并且认可的行为，在这个领域，我们会很欣然、很和蔼地说“好”。第二个领域包括不认可但是因为某些特别的原因可以忍受的行为。这样的原因可能包括：

1 初学者的容许失误。一个有初学者执照的驾驶员，当他向左拐弯却亮了右边的转向灯时，不会收到传票。这样的错误是可以忍受的，因为可以预计将来会有改进。

2. 困难时刻的容许失误。在特别紧张的情况下——事故、疾病、搬家、和朋友分离、死亡，或者家庭离异等——需要另外的变通。我们允许是因为我们理解困难时刻需要新的调整。我们不会假装喜欢这种行为，事实上，我们的态度要表明我们容忍这种行为只是因为特殊的环境。

第三个领域包括无论如何都不能容忍、必须制止的行为，包括危害到家庭兴旺和幸福的行为，或者影响到家庭成员身体健康和家庭经济利益的行为。还包括被法律、道德，或者社会接受度所禁止的行为。禁止第三个领域内的行为和允许第一个领域内的行为一样重要。

一位父亲允许女儿深夜外出，这个女儿会认为她的父亲没有正确的标准；另一对父母没有制止儿子朋友的胡闹，几乎毁了儿子的工作间，这样，这对父母就失去儿子对他们的尊重。

小孩子在处理不被社会接受的欲望时，真的很困难。父母必须帮助孩子努力克服这种欲望。父母可以作出限制来给孩子提供帮助。除了制止危险的行为，限制同时传达给孩子一个无言的信息：你无需太害怕你的欲望，我不会让你走得太远，你是安全的。

限制的技巧

在制定限制时——就像其他所有教育手段一样——成果取决于方法。限制必须清楚地告诉孩子（a）什么是不可接受的行为；（b）什么替代行为是可以接受的。你不可以扔盘子，你可以扔枕头。或者用不太符合语法却更有效的句子：盘子不是用来扔的，枕头是拿来扔的；你的弟弟不是用来推的，你的踏板车是用来推的。制定限制时，最好要全面，而不要部分限制。例如，往妹妹身上泼水和不要往妹妹身上泼水，中间的区别很清楚。如果限制是这样的："你可以往她身上泼一点点水，只要不把她弄得太湿就行了。"这样的限制简直就是在鼓励用水浇她，惹来麻烦。这样模糊的话没有给孩子一个赖以作决定的清晰的根据。作出限制时，语气必须坚定，这样只会传达给孩子一个信息："这个禁令是真的，我是认真的。"如果父母不太确定该怎么做，这时最好是什么也不要做，先思考、弄清自己的态度。在作出限制时，如果父母的话模棱两可，就会陷入无休止的争论中。犹豫不决的、笨拙的限制是对孩子的一个挑战，会引起关于意志的一场战争，在这场战争中，谁也不会赢。

作出限制时该用什么态度，必须谨慎思考，要把孩子的不满降到最低程度，要保留孩子的自尊。规定限制、说"不"的最合适的方法是要表达出权威，而不是侮辱。限制应该用于处理具体的事件，而不适用于处理变化发展的历史。下面的事例是一个令人不快的实践：

八岁的安妮和妈妈一起去百货公司，当妈妈买东西的时候，安妮在玩具柜台那里闲逛，挑了三个玩具。当妈妈回来之后，安妮很有信心地问："我能带哪个玩具回家？"这位妈妈刚花了一大笔钱买了一件自己并不是真的很想要的裙子，她脱口而出："还要玩具？你已经有太多玩具了，多得你都不知道该怎么玩了，你看到什么东西都想要，你是该学学控制欲望了。"

一分钟之后，妈妈意识到她突然而至的怒气的源头了，试图安抚安妮，买了一个冰激凌贿赂她，但是安妮依然一脸不高兴。

当孩子要求什么东西，而我们必须拒绝时，我们至少要承认她希望拥有这个东西的愿望；至少承认她在幻想中拥有我们无法在现实中给予她的东西。这是一个伤害比较小的拒绝方法。因此，安妮的妈妈可以这样说："你希望能买一些玩具回家。"

安妮：能吗？

妈妈：你说呢？

安妮：我猜不能！为什么不能？我真的很想要一个玩具！

妈妈：但是你可以要一个气球或者一些冰激凌，你选你要哪个。

安妮可能会选择一样，也可能会哭，不管是哪种情况，妈妈都应该坚持自己提出的两个选择。她可以再次说出女儿想要玩具的愿望，并表示理解，但是应该坚持限制："你希望你至少能带一个玩具回家，你非常想要，你哭了，说明你多么想要那个玩具，我多么希望今天能买得起它给你啊。"

当女儿说她不想去学校时，不要坚持说："你必须去上学，每个孩子都要上学，这是规定，我不希望有任何训导员来我们的家里。"至少要承认她的愿望，这样的回答更加富有人情味：

“你多么希望今天不用去上学，你希望今天是星期六而不是星期一，这样你就能出去和朋友玩了，我明白的。你早餐想吃什么？”

为什么承认幻想要比干脆的拒绝伤害小呢？因为这位妈妈详细的回应告诉女儿妈妈能理解她的感受。当我们感到被理解的时候，我们也会感到被爱。当你站在一个优雅的时装店橱窗前，赞赏着一件昂贵的漂亮晚礼服时，如果你的爱人对你说：“你怎么啦？看什么呢？你知道我们经济状况不佳，不可能买得起这么贵的东西的。”你会怎么想？你爱人的话不可能让你产生爱的感觉，它只会让你觉得生气和失望。

很不幸，这样的回应也不会让你得到那套晚礼服，但是其他的回应至少不会对你造成伤害，不会导致怨恨，因此，也就更有可能加深爱的感觉。

许多年以前，我去参观阿拉斯加的一所因纽特人的小学，我给孩子们吹口琴，当我吹完之后，一个孩子站起来，走到我跟前说：“我想要你的口琴。”我原本可以这样回答：“不，我不能给你我的口琴，我只有这一个口琴，我自己也需要它，而且这是我哥哥送给我的。”如果我这样回答，孩子可能会觉得遭到拒绝，愉快的节日情绪可能会被破坏。于是我没有这样说，而是同意在想象中我可以给他现实中我无法送给他的东西，我说：“我多希望我有一个口琴可以送给你啊！”另一个孩子走过来提了同样的要求，于是我回答说：“我多希望我有两个口琴可以送啊！”最后，所有二十六个孩子都过来了，我只有不断增加数字，最后一句话是“我多希望我有二十六个口琴，送给你们每人一个。”这好像变成了一个孩子们都玩得很开心的游戏。

当我在我的报纸专栏记述了这件事后，一个杂志编辑给我写信道："现在，当我不得不拒绝一篇文章时，我会先说'我们多么希望能发表您的文章啊。'"

表达不同限制时要用不同方法

作出限制时，有些表达方法会引起反抗，而另一些方法则会得到孩子的合作，比如：

1. 父母承认孩子的愿望，并用简单的话说出来："你希望今晚能去看电影。"
2. 父母明确指出对某个具体的行为的限制："但是我们家的规矩是'不是周末的晚上不能看电影。'"
3. 父母指出愿望至少能部分实现的途径："你可以星期五晚上或者星期六晚上去看电影。"
4. 父母帮助孩子说出一些作出限制时可能导致的不满，然后表示同情：

   "很显然你不喜欢这个规矩。"

   "你希望没有这样的规矩。"

   "你希望规矩是这样的：'每天晚上都能看电影。'"

   "当你长大了，有了自己的家庭，你肯定会改了这个规矩。"

并非总是需要这样来说出限制，这样的表达也并非总是切实可行的。有时需要先说出限制，然后再对孩子的感受做出回应。当孩子要朝妹妹扔石头时，妈妈应该说："不准朝着她扔！朝树扔！"通过指出树的方向，她可以成功地让孩子改变石头的方向。然后，她可以回到孩子的情绪上来，建议一些没有伤害的表达情绪的方式：

“你可能很生气，以致想朝妹妹扔石头。”

“你可能气坏了，在你心里，你可能很恨她，但是不应该伤害她。”

“如果你想扔石头，你可以对着树扔。”

“如果你愿意，你可以告诉她，或者向她表示，你多么生气。”

表达限制时，语言不要刺激孩子的自尊。限制的语言越简洁、越客观，孩子越容易接受。“不是周末的晚上不能看电影”比“你知道不是周末的晚上，你不能去看电影”引起的不满要少。“该睡觉了”比“你还小，不该熬夜熬这么晚，上床去”要更容易接受些。“今天看电视到此为止了”比“你今天已经看了够多电视了，关掉电视”好。“不要互相嚷嚷”比“你最好不要再冲他喊了”更容易让孩子服从。

当限制指出某个物体的功能时，孩子更愿意接受。“椅子是用来坐的，不是用来站的”比“不要站在椅子上”效果好。“积木是用来玩的，不是用来扔的”比“不要扔积木”好，也比“对不起，我不能让你扔积木，太危险了”效果好。

孩子需要健康的方法释放他们的能量

许多纪律问题产生于限制身体活动的时候，例如：

“不要跑，你就不能像个正常孩子那样走路吗？”

“不要一直跳。”

"坐直了。"

"你明明知道你有两只脚，为什么一定要用一只脚站着呢？"

"你会摔断腿的。"

孩子的运动行为不应该受到过分限制。为了精神上和身体上的健康着想，孩子需要跑、跳、爬、蹦等等运动。考虑到家具的卫生可以理解，但是不能取代对孩子健康的关心。禁止小孩子的身体活动会导致他们情感上的紧张，而他们可能会用攻击来表达这种紧张。

安排一个合适的环境，让孩子的身体得到活动，直接释放能量，这是一个非常好的方法，使孩子身心得到很好的锻炼；对父母来说，生活也会变得轻松些，可惜这一点经常会被忽视。孩子需要积极的活动，有很多机会可以给孩子提供身体上的锻炼：打球、跳绳、跑步、游泳、滑冰、打篮球、体操、滚轴运动、骑自行车等等。学校比父母更清楚地认识到孩子需要身体上的锻炼，因此，在课后提供了有组织的体育活动和一个认真的体育计划。

纪律要明确地执行

如果父母觉得限制已经很明确，而且表达时没有使用冒犯性的语言，那么孩子通常会遵守。但是，孩子时不时地会打破规矩，问题是，当孩子违反了规定的限制时，该怎么办？有教育意义的方法要求父母坚持和蔼但坚定的成年人形象，对待违反了限制的孩子，父母绝不能跟他争辩、啰嗦，不能陷入关于限制是否公平的讨论中去，也不能就限制给孩子一个冗长的解释。没有必要向孩子解释为什么不能打妹妹，只要说："人不是用来伤害的。"也不要解释为什么她不能打碎窗户，只要说："窗户不是用来打碎的。"

当孩子越过了限制范围，他或她会感到不安，因为他或她会想到打击和惩罚，在这个时候，父母不需要再去增加孩子的这种不安。如果父母说得太多，他们传达的就是软弱——在一个必须传达力量的时候。有时候，在这样的情况下，孩子需要大人帮助他们控制欲望，却又不失他们的颜面。下面的例子就是一个没有帮助的限制的方法：

妈妈：我明白，我不冲你喊，你是不会满意的，好吧，（高声地、刺耳地）停下来！否则你会后悔的！如果你再扔一样东西，我会让你好看的！

这位妈妈可以不说这些威胁和保证的话，她可以更有效地表达出她真的很生气：

"看到这个我很生气！"

"这让我很生气！"

"我觉得很生气！"

"这些东西不是用来扔的！球才是用来扔的！"

在执行一个限制措施时，父母必须谨慎，不要激发一场意志的战争，在下面这个例子里，五岁的玛格丽特和她的父亲在公园里高兴地玩了一个下午：

玛格丽特（在操场上）：我喜欢这里，我现在不要回家，我

要再待一个小时。

父亲：你说你要再待一个小时，我说不能。

这样的陈述可能会导致两种可能的结果，每一种都是让人不愉快的：孩子失败了，或者父亲失败了。更好的办法是关注孩子想继续待在操场的愿望，而不是关注她对父亲权威的挑战。例如，父亲可以说："我看得出来你喜欢这里，我想你希望能多留一会儿，甚至多待十个小时，但是到回家的时间了。"

如果一两分钟之后，玛格丽特还是坚持要留下来，父亲可以牵住她的手，或者抱起她，带她离开操场。对于小孩子来说，行动经常比言语有效得多。

父母不是用来打的

永远不能允许孩子打父母。这样的身体攻击对孩子和父母都非常有害，会让孩子觉得焦虑，担心父母的报复，而父母会非常愤怒，觉得孩子可恨。禁止打父母是必要的，可以让孩子免除罪恶感和焦虑，让父母从情感上继续接受孩子。

时不时地你会看到一幕不太体面的场景，比如，一位家长避开了孩子踢到小腿上的一脚，建议孩子不要踢她的脚，可以打她的手。"你可以轻轻打我一下，但是你不能真的打痛我。"一个三十岁的母亲向四岁大的儿子伸出她的胳膊。一个人忍不住插嘴道："女士，不要这么做，让孩子打父母对孩子不好。"这位妈妈应该立刻阻止孩子："不许打，我永远不会让你这么做。"或者"如果你生气了，你可以告诉我。"

不允许孩子打父母的限制在任何情况下都不能更改。有效的教养建立在父母和孩子之间相互尊重的基础上，父母不能放弃自己成年人的角色。告诉孩子“打但不能打痛”的那位妈妈是在要求一个小孩子作出太精细的区分。孩子会受到诱惑，想测试一下禁令，看看打着玩和真的打痛了有什么区别。

孩子不是用来打的

打孩子尽管有很不好的名声，但是有些父母依然会这么做。打孩子通常发生在教育孩子时，传统武器，诸如威胁、讲道理都失败了之后，在最后诉诸的手段。通常，它都不是有计划实施的，而是父母的忍耐达到了极限之后、暴怒之中作出的选择。打孩子好像会起到暂时的效果，它会释放父母心中郁积的紧张，至少让孩子听话一段时间，就像有些父母说的那样：“它缓解了气氛。”

如果打孩子这么有效，为什么对它有如此不安的感觉呢？不知怎么的，我们就是无法抑制内心对这种体罚的长期效果的怀疑，我们对使用暴力会感到一点点尴尬，我们不停地对自己说：“应该有更好的解决问题的办法。”

如果你发了脾气，打了孩子，后果会怎样？大多数父母都曾经打过孩子。“有时我真的非常气我的儿子，真想杀了他。”一位妈妈说，“当我在杀他和打他之间选择时，我选择了打他，当我平静下来之后，我跟儿子说：‘我也是个人，我只能忍受那么多，无法再忍了，所以我打你，但是这违背我的道德观，当我被逼到忍耐极限边缘时，我会做一些不喜欢的事情，所以，不要逼我。”

打孩子应该像交通事故一样不可接受，不过交通事故还是会发生，但是驾驶执照不会给交通事故提前亮绿灯，不会这么说：“你肯定会发生一些交通事故的，所以不必小心驾驶。”相反，我们被告诫要小心驾驶。同样的，打孩子也不应该成为训诫孩子的指定方法，即使偶尔地打孩子是无法避免的。

在教导孩子的过程中，从不打孩子几乎不可能。但是，我们不能为此做好计划。我们不应该把体罚作为对孩子的挑衅或者我们自己的愤怒情绪的回应。为什么不能？因为它阐释的教训告诉我们不能，它会教导孩子用不好的方法应付挫折。它生动地告诉孩子："当你生气或者感到受挫时，不要寻找解决办法，打，这就是你父母所做的。"我们没有向孩子展示出我们的聪明才智，没有为愤怒的情绪找一个更文明的发泄渠道，我们给孩子的不仅仅是野蛮的感觉，同时给了他打人的许可证。

大多数父母看到他们大一点的孩子打弟弟妹妹的时候会感到不舒服，而没有意识到，当父母打小孩子的时候，他们就许可了大一点的孩子可以做同样的事情。

一个六英尺高的父亲看到他八岁的儿子打四岁的妹妹时，非常生气，于是开始打他的儿子，一边打，还一边警告说："这是给你一个教训，以后再也不许打比你小的人。"一天晚上，七岁的吉尔和她的父亲一起看电视，吉尔在吮她的手指，发出让人心烦的声音，她的父亲不高兴了，说："请停下来，我觉得你吮吸的声音很烦人。"情况没有变化，他又重复了一遍他的要求，还是没什么事发生。在重复了四次之后，他发怒了，打了吉尔。吉尔开始哭，一边哭，一边打她的父亲，这让父亲更生气了："你竟敢打你的爸爸！"他大喊道，"马上去你的房间。"吉尔拒绝去自己的房间，父亲就把她挟到楼上，她继续哭。电视依然开着，但是没有人再看电视。

吉尔不明白为什么那么大一个男人打一个小女孩就可以，而她就不能打比自己大的人。这件事留给她清晰的印象，那就是你只能打比自己小的人，这样才能逃脱处罚。

吉尔的父亲原本可以用更有效的方法来赢得女儿的合作，而不是打她。在他无法控制自己的愤怒之前，他就应该对他的女儿说："吉尔，你有一个选择，你可以待在这儿，但是要停止吮吸手指头，或者你可以离开房间，继续享受吮吸手指头。你决定吧。"

体罚的最大副作用就是它可能会阻碍孩子道德良心的发展。打孩子可以非常轻易地消除孩子的内疚：孩子已经为不端行为付出了代价，于是他会很随意地再犯。孩子会发展出一种可以称之为"记账"的方法来干坏事：他们会允许自己做错事，记在账上，然后用每周一次或者每月一次的挨打来分期付账。每隔一段时间，他们就会激怒父母，招来一顿打，有时候，他们只是要求惩罚，或者自己惩罚自己。

四岁的马西被带来接受咨询，她在睡觉的时候扯自己的头发。她的妈妈发现每当自己生女儿气的时候，她就会威胁女儿："我对你太生气了，真想拔光你的头发。"马西一定觉得自己真的很坏，该受这样残忍的惩罚，于是她就在睡梦中帮妈妈的忙。

希望自己受到惩罚的孩子需要父母帮助他们控制内疚和愤怒，而不是顺从他们的要求。这个任务并不轻松，在有些情况下，可以通过坦率地讨论孩子的过错来减轻孩子的内疚和愤怒。当孩子有了表达内疚和愤怒的更好办法时，当父母学会更好的方法制定和执行限制时，这种体罚的需要就会减少。

通过对孩子的各种情绪表达同情和理解，我们就帮助了孩子在情感上变得聪明。在对他们不可接受的行为制定限制、执行限制时，我们表示了尊重，这样就为孩子尊重社会中的规则作好了准备。

第6章

积极的养育：

孩子生活中的一天

文明让父母扮演了一个老爱唱反调的人的角色，必须对很多小孩子的强烈愿望说“不”：不许吮吸大拇指、不许抚摸生殖器、不许挖鼻孔、不许在脏地方玩、不许吵闹，等等。对于婴儿来说，文明是冷漠而残忍的：没有了柔软的乳房，它给你一个硬硬的杯子；没有了随时可以方便的温暖的尿布，它给你一个冰冷的便器，还要求你自我克制。

如果孩子想成为一个社会上的人，有些限制是不可避免的。但是，父母在扮演文明警察时，不能太过了，以免引起本可避免的怨恨、抵触和敌意。

好的开始

父母不要每天早上去叫醒上学的孩子，孩子讨厌打扰他们的睡眠、破坏他们的美梦的父母，他们害怕父母来到他们的房间，掀开他们的被子，欢快地说："起床刷牙去。"让闹钟叫醒孩子是比较好的方法，对孩子来说，闹钟比盯着他们看的"闹钟妈妈"或"闹钟爸爸"要好多了。

八岁的埃米莉早上从床上起来总是很艰难。每天，她都希望在床上再多待几分钟，而这几分钟最好永远也不要结束。她的妈妈对此有时脾气很好，有时会发脾气，而埃米莉却总是一副样子：慢慢起来，吃早饭的时候很不高兴，讨厌去上学。每天的争吵让她的妈妈感到很累，也很不满。

可是当妈妈给了女儿一个意想不到的礼物——一个闹钟——后，情况却有了显著的改善。在礼物盒里，埃米莉发现了一张纸条："给埃米莉，你不喜欢别人早上太早叫醒你。现在你可以自己做主。爱你的妈妈。"埃米莉又惊又喜，她说："你怎么知道我不喜欢别人叫醒我？"她的妈妈微笑着说："我算出来的。"第二天早上，当闹钟响了之后，妈妈对埃米莉说："亲爱的，太早了，你怎么不多睡五分钟呢？"埃米莉从床上跳起来说："不，我上学要迟到了。"

孩子不容易醒，不能说他懒；孩子没有马上起床刷牙，不能说他脾气坏。不要奚落早上很难活跃、很难有热情的孩子。与其让他们卷入争吵，不如让他们再继续享受十分钟的睡眠或者白日梦，可以把闹钟调得稍早一点。我们的话要传达同情和理解：

"今天早上起床很难。"

"躺在床上做梦真舒服。"

"多睡五分钟吧。"

这样的话让早晨变得欢快，制造出一种温暖、亲密的气氛。相反，下面愤怒或者嘲笑的话只能带来冷淡、阴沉的气氛：

"起床，你这个懒虫！"

"你马上从床上给我起来。"

"天哪，你是另一个里普·万·温克尔（美国作家欧文笔下的主人公，嗜睡。——译者注）。"

或者担忧他们的健康："你怎么还在床上？你病了么？有什么地方痛？肚子痛吗？头痛？让我看看你的舌头。"所有这些话都在向孩子建议：接受温柔、关怀的方法就是生病。孩子可能还会觉得如果他们否认父母如此和蔼地列出来的疾病，父母就会觉得失望，因此孩子不得不装病。

时间表的专制：高峰期

当孩子觉得仓促时，他们会自己抓紧时间。大多数情况下，当父母说"赶快！"时，他们反而故意拖拉，以此来反抗大人。表现出无效率是孩子在现实中反抗不属于他们自己的时间表专制的非常有效的武器。

孩子基本上不需要催促，而是要给他们一个现实的时间限制，把守时的任务留给他们自己：

"校车还有十分钟就到了。"

"电影一点钟开始，现在十二点半了。"

"晚餐七点钟开始，现在六点三十分了。"

“你朋友十五分钟后就到了。”

这种简短陈述的目的是要告诉孩子，我们希望，也认为他们会准时。正面的预期有时候能提供帮助。举个例子，我们可以说：“只要你准备好了，你可以看卡通，直到我们去学校。”

早餐：没有道德说教的进餐

吃早饭的时候，不是教育孩子普遍哲学、道德原则，或者礼貌举止的好时机。对父母来说，这时只适宜给孩子准备有营养的食物，帮助他们准时出发去上学。

通常来说，早餐是一天中比较困难的时刻。很多时候，父母或者孩子都睡眼惺忪的，情绪也不好，争论很容易就演变成训斥和责备，就像下面这个例子：

黛比（在冰箱里乱翻，一样东西一样东西地乱丢）：早饭吃什么？这个房子里从来没有什么东西可吃的，你从来不给我买任何我喜欢吃的东西！

妈妈（很不高兴，辩解）：你说我从来不给你买你喜欢吃的东西，你什么意思？你喜欢吃的东西我都给你买了，是你自己不知道该吃什么。现在我要你坐下来吃你面前的东西，然后去上学！

黛比的行为让她的妈妈很生气，她用让女儿更生气的方法回敬了女儿，两个人去上班、上学时的情绪都很糟。

不要让孩子决定父母的回答或者情绪，这一点很重要。黛比的妈妈可以不反击，她可以承认女儿的抱怨，维持一个愉快的早晨。

妈妈：今天早上，你好像找不到你喜欢吃的东西。

黛比：没有，没有我喜欢吃的东西，我也不是很饿，就吃一根香蕉好了。

另一位妈妈讲述说："在以前，一些小事都可以对我和孩子造成伤害。小题大做的事情每天都要发生好几次。不过现在我已经学会理解孩子的信息，并且同情地回答他们了。就像前几天，吃早饭的时候，在饭桌上，我五岁的女儿雷蒙娜拒绝吃早饭，开始诉苦。"

雷蒙娜：我的牙齿累了，它们觉得根部想睡觉。

她的妈妈没有奚落她，而是承认了她的诉苦。

妈妈：哦，你牙齿根部还没睡醒。

雷蒙娜：不是的，这颗牙齿做了一个恶梦。

妈妈：让我看看，哦，亲爱的，这颗牙松了。

雷蒙娜：它会掉到我的麦片粥里吗？

在她的妈妈向她保证那颗牙齿还不会脱落之后，雷蒙娜的情绪好了起来，拿起勺子开始吃麦片粥。

斯坦的父亲讲了下面的事情："我对任何意外都会反应过激，使得矛盾进一步激化。然后，我试图扑灭我自己燃起来的火，就像一个聪明的人知道如何从一个洞里面出来，而一个明智的人一开始就不会掉进洞里去一样。最近，我决定要做一个明智的人，而不是一个聪明的人。当孩子惹了麻烦时，我不再责备他们，而是提供帮助，就像最近我做的那样。最近，十岁的儿子保罗想自己准备早餐。一天早上，我听到他在厨房里低声抽噎，原来他在煮两个荷包蛋，其中一个掉地上了。我没有喊‘瞧你做了什么！一团糟！你怎么就不小心点呢？’而是对他说：‘你轻手轻脚地起床，自己做了这么漂亮的荷包蛋啊，有一个掉地上了。’”

保罗（胆怯地）：是的。

父亲：你饿了吧。

保罗（看上去高兴点了）：但是盘子里还有一个鸡蛋。

父亲：那你先吃一个鸡蛋，我再给你煮一个。

抱怨：处理失望情绪

父母会不停地遇到孩子的抱怨，这通常都会让父母很生气。为了避免反抱怨或者辩解引起怒气更甚而陷入争吵，父母需要学会承认孩子的抱怨，以此作为对孩子抱怨的回应，例如：

塞尔玛：你从不给我买东西。

妈妈：你有什么东西想让我给你买吧。不要说：你怎么能这么说？上个星期我还给你买了那么多漂亮的衣服呢！你从来不感激我对你做的任何事，这就是你的问题！

朱立安：你从不带我出去玩。

父亲：你想去哪儿？不要说：你在最后总是跟我吵架，我怎么还能带你去？

扎伽利：你总是迟到。

妈妈：你不喜欢等我。不要说：你就从没迟到过？你只是不想记得每次我等你的时候。

杰西卡：你不关心我发生了什么事。

父亲：你喜欢在你摔倒的时候，在你需要我的时候，我能在那儿。不要说：我做这么多事，就是为了让你高兴，你怎么还能这么说呢？

"决不"和"总是"是孩子最喜欢用的词语，他们生活在极端的世界中。但是父母已经知道，灰色比黑色和白色要普遍得多，父母应该能够用上面的表达限制孩子，来教育孩子。

穿衣服：鞋带的战争

在有些家庭里，父母和孩子每天都要为了鞋带的事吵架。父亲说："每当我看到儿子鞋带未系时，我就想把它系上。我想知道我们该不该逼他系上鞋带，或者就随他这么邋遢地走来走去。也许他是高兴了，但是我们难道不应该教他责任吗？"最好不要把系鞋带和教育孩子负责任联系在一起，要想避免争论，可以给孩子买一双易穿易脱的懒汉球鞋，或者对于小孩子，只需给他系上，不要做任何评论。接下来基本可以肯定，孩子迟早会学会把鞋带系上，除非他的同龄人不这么做。

孩子不应该穿他们最贵的衣服去上学，也不应该为了保持衣服整洁而担忧。孩子跑、跳或者打球的自由应该要比外表的整洁得到优先考虑。当孩子穿着脏了的衬衫回家时，父母可以这么说："你看起来今天很忙啊，如果你想换，壁橱里还有一件衬衫。"告诉孩子她多么邋遢，看上去多么脏，我们多么讨厌给她洗衬衫，熨衬衫，这样说是没有用的。现实的方法并不依赖于孩子把整洁置于玩耍之上的能力。相反，它接受孩子的衣服不会长时间干净的现实。一打便宜的免烫衬衫比十二次关于清洁的说教更利于孩子的精神健康。

上学：帮助比长篇大论更好

在早上的匆忙中，孩子可能会忘了拿书本、眼镜、午餐盒，或者午餐的钱。最好的处理办法是把孩子忘了的东西递给孩子，不要增加任何有关健忘啊、不负责任啊等等之类的说教。

对孩子来说，"你的眼镜"比"我希望能活到你记得戴眼镜的那天"更有帮助。"这是你午饭的钱"比讽刺性的问题"你要拿什么买午饭?"更能让孩子感激。

在孩子上学之前，不应该给他一长串的忠告和警告。分别时说一句"祝你今天愉快"，比一般的警告"不要惹麻烦"要好。对孩子来说，"两点钟我去接你"比"放学后，不要在街上闲逛"更有指导性。

放学：提供热情的欢迎

孩子们希望放学回家后，父母或者其他关心他们的大人能在家欢迎他们。不要问孩子那些只会引起无精打采的回答的问题——“学习怎么样?” “还行。”或者“你今天做了什么?” “没做什么。”——父母可以说一些话，表达他们对学校里的麻烦事以及困难的理解：

“看来你这一天过得不轻松。”

“我打赌你已经等不及学校放假了。”

“你好像很高兴回家。”

在大多数情况下，陈述比提问更可取。

现在有很多单亲家庭，以及母亲要上班的家庭，许多孩子不再有父母在家亲自迎接他了，但是写一张纸条可以减轻父母不在家给孩子带来的痛苦。许多有学龄孩子的父母会利用信和纸条来加深他们和孩子的感情。对父母来说，用文字表达感激和爱也更容易一些。有些父母把话录在录音机或者录像带上，孩子可以一遍遍地听父母的话。这样的信息传达能够鼓励父母和孩子之间有意义的交流，减轻孩子从学校回到空荡荡的家时的孤独感。

回家：

在一天的最后阶段重新和孩子交流

当工作一天的父母晚上回到家时，他们需要一个安静的过渡阶段，从社会的需要转到家庭的需要。不管是妈妈还是爸爸，都不应该在家门口遭到连环炮似的抱怨和请求，或者一大堆的要求和责问。一段“不许提问题”的时间可以帮助创造宁静的绿洲氛围，大大提高家庭生活的质量。孩子从很早的时候就需要教他们知道，当辛苦的爸爸妈妈下班回家后，父母需要一段平静、舒适的时间。不过，晚餐时间，应该是父母和孩子的谈话时间。谈话的重点应该少放在食物上，多放在精神食粮上。尽量不要评论孩子的吃相，不要评论孩子在吃什么，少一点训诫，以及其他许多过时的谈话技术。

就寝时间：战争还是和平

在很多家庭里，就寝时间是一段混乱的时间，父母和孩子两方都会受挫。孩子希望尽可能晚睡，而父母希望他们尽快睡觉，夜晚变成了父母主要的唠叨时间、孩子运用战术逃避的时间。

学前孩子需要妈妈或者爸爸给他们掖好被子，可以利用就寝时间跟每个孩子说说亲密的话，那么孩子就会盼望就寝时间，他们喜欢和妈妈或者爸爸有“单独在一起”的时间。如果父母很认真地听，孩子会慢慢学会跟父母分享他的担忧、希望和心愿。这些亲密的接触能够缓解孩子的不安，让他们平静地进入甜美的睡梦中。

有一些大一点的孩子也喜欢爸爸妈妈给他们掖被子，他们的心愿应该得到尊重，应该满足他们，父母不应该因为这些看上去“孩子气”的希望嘲笑或者批评他们。大一点孩子的就寝时间可以灵活一点：“就寝时间是八点到九点（或者九点到十点），你自己决定什么时候睡觉。”时间的范围由父母来决定，在这个范围内，具体的时间由孩子决定。

当孩子说他“忘了”上厕所或者她想喝杯水时，最好不要和孩子争吵，但是，如果孩子不停地让父母回到他的房间，那就应该跟他说：“我知道你希望我多陪你一会儿，但是现在是妈妈和爸爸该在一起的时间了。”或者说：“如果我能多陪你一会儿就好了，但是现在我该准备上床睡觉了。”

父母的特权：不需要孩子的许可证

在有些家庭里，孩子有禁止父母来去的权力，父母晚上出去要得到几个孩子的同意才行。有些父母不去电影院或者剧院，就是因为担心回家会爆发战争。

父母如何过自己的生活，不需要得到孩子的批准或同意。如果孩子因为父母晚上要出去而哭起来的话，不要去谴责孩子的恐惧，但是也不要服从孩子的愿望。我们可以理解并同情他不愿意被留在保姆那里的愿望，但是没有必要从孩子那里换取一个娱乐许可证。我们可以同情地对哭泣的孩子说：“我知道你希望我们今晚不要出去，你希望我们和你待在一起，但是你妈妈和我今晚要去看一场电影（或者看望朋友，或者参加晚宴，或者参加舞会等等）。”

孩子反对、请求，或者威胁的内容可以不去考虑。我们的回答应该坚决而亲切：“你希望我能陪你，但是这次我该出去了。”

电视：裸露和死亡

对孩子一天生活的讨论，如果没有评估电视对孩子价值观和行为的影响，就是不完整的。

孩子喜欢看电视，许多孩子更喜欢这样的活动，而不喜欢看书、听音乐，或者聊天。对于广告商来说，孩子是最完美的观众，因为他们容易受影响，相信商业节目，他们学习白痴般的广告短歌的能力非常惊人，非常喜欢用那些愚蠢的广告词烦父母。他们对节目的要求极低：不需要创造性，不需要艺术性。恐怖的或者整过型的男主角才会吸引他们的眼球。就这样，连续几个小时的、一天一天的，孩子眼前看到的都是暴力和凶杀，夹杂着短歌和广告。

父母对电视有两种态度：电视占据了孩子的注意力，使他们不再惹麻烦，这一点，父母喜欢；但是，他们又担心电视节目可能会对孩子有害。

电视节目会助长暴力，使感情浅薄，使思维僵化，破坏符合社会道德规范的行为。另外，电视占据了孩子生活中的重要部分。孩子的时间更多地花在了电视机面前，而不是和他们的父母在一起。即使那些性和野蛮的场面仅仅是为了单纯的取乐，也使孩子远离了更有建设性的活动。一位著名的心理学家注意到，人们在观看电视的时候完全没有称之为“心流”的最佳体验。成长的最好环境是“当一个人的技能完全用于战胜一个刚好能够掌控的挑战时”。对孩子来说，可能意味着写诗，或者写小故事；用黏土雕塑，或者用砖头砌城堡；可能需要和兄弟姐妹演戏，或者和朋友去冒险。成长和满足更容易从专注的努力中获得，而不是不动脑筋地看电视。

在有些家庭，孩子只被允许一天看一个小时的电视，有的家庭，孩子只能在特定的时间段看特定的节目，这些节目都是在父母的同意下挑选出来的。有些父母相信，电视就像药物治疗，必须在指定的时间服药，剂量也要正确。

两位著名的儿科医生给出了具体的建议："在孩子三岁之前，看电视一天不能超过半个小时。三岁之后，在父母的陪同下，可以再增加半个小时看电视。"

越来越多的父母觉得电视节目的选择权不能完全留给孩子，他们不希望那些有问题的人物影响自己家的孩子。那些不希望自己的孩子整天接触大量肮脏的性内容以及逼真的暴力行为的父母，现在可以在电视和电脑上装"父母监控系统"。孩子并不需要避开所有的悲剧，只要避开那些把人类的残忍不视为悲剧、而视为公式的娱乐节目。

对父母来说，只监督儿童媒体节目的质量和性质是不够的，父母可以通过健康的感情关系、快乐的嬉戏和令人满意的业余爱好，为孩子打开学习、交流和贡献之门。

第7章

妒忌：

不幸的传统

兄弟姐妹间的妒忌是古老而不幸的传统。《旧约》里记载的第一宗谋杀就是该隐杀死他的弟弟亚伯，动机是兄弟竞争。雅各只有离乡背井，逃到国外才免遭哥哥以扫的毒手。而雅各的儿子们妒忌他们的弟弟约瑟，把他扔到一个坑里，打算让他就这样死去，后来又改变了主意，把他卖给了路过的沙漠商队做奴隶。

关于妒忌的本性和起源，圣经告诉了我们什么？在上面所举的事件中，妒忌是由特别偏爱自己的某个孩子的父母引起的。该隐杀死他的弟弟，就是因为上帝喜欢亚伯的天赋，而不是喜欢他的。以扫变得妒忌是因为他的母亲对雅各更好，帮助他接受父亲的赐福。约瑟被他的哥哥们妒忌是因为他们的父亲最宠爱他，父亲送给约瑟一件“色彩缤纷的衣服”，而且当约瑟无礼地纵情夸耀时，父亲也没有管教他。

这些圣经上的关于妒忌和报复的故事告诉世人，妒忌是自古就有的父母和孩子之间的问题，但是，我们现在可以学习如何使孩子心中的妒忌感降到最低程度。

新生儿诞生：仿佛兄弟姐妹之间的入侵

和父母相比，孩子不会怀疑家庭里妒忌的存在，他们早就知道妒忌的含义和影响。不管他们作好了多么充分的心理准备，新生儿的诞生还是会让他们感到妒忌和受伤。没有理由可以让一个首席女歌手优雅地准备好和一个冉冉升起的新星一起分享聚光灯的荣耀。妒忌和竞争会不可避免地产生，没有预计到它们，或者被它们的出现吓一跳，是很不幸的、无知的表现。

对一个小孩子来说，第二个婴儿的诞生是他最重大的危机，他的生活轨道突然改变，他需要有人来帮助他定位和导航。要帮助他们，而不只是感情用事，我们需要了解孩子真正的情绪。

当宣布新生儿诞生时，最好避免冗长的解释和虚伪的期待，例如："我们非常爱你，你是这么棒，因此爸爸和妈妈决定再要一个跟你一样的孩子，你会爱上新宝宝的，它也是你的宝宝，你会为它感到骄傲，你会一直有人玩了。"

这种解释听起来既不诚实，也没有任何说服力，对孩子来说，得出这样的结论更符合逻辑："如果他们真的爱我，他们就不会想要另一个孩子，我不够好，所以想用我换一个更新一点的人。"

如果有一天，丈夫回到家宣布说："亲爱的，我非常爱你，你是这么棒，因此我决定带另外一个女人来和我们一起生活，她会帮你做家务，当我工作的时候，你就不会那么孤单了，毕竟，我的爱足够爱两个女人。”如果丈夫这么说，做妻子的会怎么想？我想她不会对这样的安排欣喜若狂的，她会奇怪为什么有她还不够，为什么他会以为她渴望和另一个女人来分享丈夫呢？

分享父母或者分享爱人会让人非常痛苦。在孩子的经验中，分享意味着自己所得的减少，就像分享一个苹果或者口香糖。分享父母的前景已经足够让人不安，但是我们对孩子会为新生儿感到高兴的期待则是不符合逻辑的。随着怀孕的开始，孩子的怀疑变得似乎更有根据。孩子注意到，即使婴儿还没有来，它已经占据了父母的身心。妈妈跟自己在一起的时间越来越少，她可能不舒服，躺在床上，或者累了，在休息。焦虑的孩子甚至不能再坐到妈妈的大腿上，因为那儿被一个藏着的、还没现身的入侵者占据了。父亲跟妈妈待在一起的时间更多了，而和孩子玩耍或者参加其他活动的时间越来越少了。

诞生：介绍入侵者

宣布新生儿的降临时，对原来的孩子来说，不能太盛大、太夸张。这样说就足够了：“我们家又多了一个新生宝宝。”不管孩子的第一反应是什么，我们都需要知道在他们的脑袋里还有很多没有问出来的问题，在他们心里还有许多没有说出来的担心。幸运的是，我们身为父母，有很好的机会帮助孩子度过危机。新生儿对原有孩子的安全是一个威胁，这个事实无可更改。对于头胎生的孩子来说，这也是对他的惟一性的威胁。这对于头胎生的孩子特别痛苦，因为在他的经验中，没有分享父母这一项。作为父母眼中惟一的苹果，他不可能很开心地迎接新宝宝的到来，因为新宝宝的到来意味着他伊甸园幸福生活的结束。

但是，通过这次危机的压力和紧张，孩子的品格是因此得到提高，还是因此扭曲，取决于我们的智慧和技巧。

下面的事件就是一个很好的例子，这样介绍即将到来的兄弟姐妹，对原来的孩子会有帮助。

当五岁的弗吉尼亚发现她的妈妈怀孕了时，她的反应是非常开心，她画了一幅画，描述了有弟弟的生活，阳光、玫瑰等等。她的妈妈并没有鼓励这种对生活的单方面的看法，而是对女儿说："有时候他会很好玩，不过有时候他会很麻烦，有时他会哭，让我们所有的人都很讨厌；有时候他会尿床，或者把尿布弄得肮脏不堪。我必须给他洗，喂他吃奶，照顾他。你可能会觉得被遗忘了，你可能会感到妒忌，你甚至可能会对自己说：'她不再爱我了，她爱宝宝。'当你那样想时，一定要过来告诉我，我会给你特别的爱，所以你就不会太担心，你会知道我爱你。"

有些父母在用这种方法时会有所顾虑，他们担心会把"危险"的观念输入孩子的脑中，这些父母可以放心，这些想法对孩子来说不算新奇。我们的话表现出对孩子情绪的理解，它能消除罪恶感，带来亲密和交流。对于新生儿，孩子一定会感到愤怒和厌恶，最好的方法是要让孩子能够不受拘束地、公开地表达出苦恼，而不要让他们暗地里郁郁不乐。

表达妒忌：话语好于病症

下面的例子说明了一位妈妈如何帮助她三岁的儿子乔丹表

达他对于新生儿的不安情绪。宝宝还有三个星期就要出生了，一天，乔丹突然哭了起来：

乔丹：我不想家里有一个新宝宝，我不希望你和爸爸跟他玩，爱他。

妈妈：你对新宝宝感到不安。你希望没有新宝宝。

乔丹：是的，我只想要妈妈、爸爸和乔丹。

妈妈：你只要一想到新宝宝就生气。

乔丹：是的，他会拿走我的玩具。

妈妈：你还有一点害怕。

乔丹：是的。

妈妈：你对自己说，妈妈和爸爸不会像以前一样那么爱我了，也不会有那么多时间来陪我了。

乔丹：是的。

妈妈：乔丹，记住，你永远都是我们惟一的乔丹，你永远都是独一无二的，我们对你的爱永远不会因为任何人而改变。

乔丹：即使宝宝也不会吗？

妈妈：即使宝宝也无法夺走我们对乔丹的爱。亲爱的，只要你感到伤心和生气，不管什么时候，你都要过来告诉我，我会给你特别的爱。

在宝宝出世之后，乔丹用捏、拽脚、举止粗鲁表达了他对宝宝的厌恶，妈妈警告他说："宝宝不是用来伤害的，如果你愿意，你可以画一张宝宝的画，然后把画撕成碎片。"

当孩子压制他们的妒忌时，就会产生一些伪装的症状和不端行为。举个例子，当孩子厌恶他们的兄弟姐妹，但是又不准说出他们的情绪时，他们可能会做梦把弟弟妹妹推出十层高的窗户，做梦的人可能会吓一跳，甚至可能会跑到弟弟妹妹床边看看他们还在不在那儿。当发现他们好好地在那儿时，他们会十分高兴，而对于他们这样的表现，父母可能会将他们的解脱误认为是爱。恶梦是孩子对用言语不敢表达的画面的一种表达方式。跟可怕的恶梦相比，用言语表达出妒忌和愤怒对孩子更好。

小妹妹诞生后不久，五岁的沃伦会不时地发作哮喘，他的父母以为沃伦很爱护他的妹妹，以为他“爱死她了”（可能“死”字是一个很适当的字眼）。对于沃伦的哮喘，医生找不到身体上的原因，于是建议他去看心理健康门诊，在那里，他可能会学会用言语表达他的妒忌和愤怒，而不是用喘息。有些孩子用咳嗽和皮疹表达妒忌，而不是用言语。有些孩子则是尿床，用身体的某个器官表达本应用另外的器官表达的情绪。有些孩子会变得很有破坏性：他们打碎东西，而不是说出自己的厌恶。有些孩子咬指甲或者拔自己的头发，以此掩饰他们希望咬、希望伤害他们的弟弟妹妹的心理。所有这些孩子都需要用言语表达他们的情绪，而不是用上面这些症状。父母在帮助孩子释放他们情绪的过程中具有关键作用。

妒忌的各种表现

为了安全起见，父母需要假定在孩子当中存在妒忌心理，即使未经训练的眼睛看不到这种心理。妒忌有许多表现，有许多伪装的方式。它可以通过以下方式自己表现出来：不断竞争或者避免所有的竞争；充满进取心或者局外人的温顺；不顾后果的慷慨或者毫不留情的贪婪。孩童时代没有解决好的竞争的苦果在成年人的生活中比比皆是。比如说，在路上不停地赶超每一辆车就是一种失去理智的竞争意识；或者输了一场网球赛就认为失去了体面，或者随时为了证明某个观点就用生命和财产做赌注，或者捐献时一定要超过别人，哪怕已经负担不起。还有另外一种表现，比如，总是躲避所有竞争，竞争还没开始，他就觉得失败了，或者总是退居次要位置，即使合法的权益也不争取。因此，兄弟姐妹间的竞争对孩子一生的影响超过大多数父母所能意识到的程度。它可能会对人格造成永久的伤害，使性格扭曲，它也可能成为一生中麻烦不断的主题。

妒忌的源头

妒忌起源于孩子希望成为父母惟一“挚爱的人”的愿望。这种占有欲如此之强，以至不能容忍任何竞争对手。当弟弟妹妹出生之后，孩子会和他们竞争，以获得父母惟一的爱。这种竞争可能是公开的，也可能是隐蔽的，取决于父母对妒忌的态度：有些父母对兄弟姐妹之间的竞争很生气，他们会惩罚任何公然的竞争行为。有些父母则小心翼翼地避免任何引起妒忌的理由，他们努力让孩子相信父母公平地爱他们每一个人，因此没有必要妒忌。礼物、夸奖、假期、喜爱、衣服和食物都经过计算，平等、公正地发放给每个孩子，尽管如此，所有这些方法还是无法避免妒忌的发生，不管是平等地惩罚还是平等地夸奖都无法抑制想要得到惟一的爱的欲望。既然这样的欲望无法实现，妒忌也就无法完全避免。但是，妒忌之火是安全地摇曳，还是危险地突然燃烧，取决于我们的态度和做法。

处理妒忌：语言和态度很重要

在正常的情况下，年龄和性别差异可能会导致兄弟姐妹之间产生妒忌。哥哥遭到妒忌是因为他有更多的特权，更独立；宝宝遭到妒忌是因为她受到更多的保护。女孩妒忌哥哥是因为他似乎有更多的自由，男孩妒忌妹妹是因为她似乎受到更多的特殊照顾。如果父母根据孩子的性别差异，给予特殊照顾，而不是出于孩子自己的需要，那么就会产生危险。

那些受到父母特别关爱和得到礼物的孩子经常会成为受害者，就像下面这个故事一样。在生了几个男孩之后，父母不但毫不掩饰对期待以久的女孩的偏爱，而且他们坚持认为几个哥哥应该有责任照顾他们的妹妹。男孩子们不但没有像父母期望的那样喜爱妹妹，反而责备她享受特别权利，因此他们处处为难她，使她的生活变得十分可怜。不幸的是，哥哥们没有处理好的妒忌心不但毁了他们的童年生活，而且直至成年，都没有形成相亲相爱的兄妹关系。

如果父母偏爱弱小无助的小宝宝，而不是相对独立的六岁的孩子，或者情况反过来，妒忌就会加强。同样，如果一个孩子因为性别、长相、智力、音乐才能，或者社交能力而得到特别重视时，妒忌就会产生。天赋可能会导致妒忌，但是父母对孩子某个特点或者天分评价过高就会导致孩子之间无休止的竞争。

对待不同年龄的孩子一视同仁，这种做法并不应提倡。相反，随着年龄的增长，应该带来新的权利和新的责任。年纪大一点的孩子比起年纪小一点的孩子，自然应该有多一点的零花钱，晚一点的就寝时间，以及有更多的自由，可以出去和朋友一起玩。这些权利要公开地、得体地给予，这样，所有的孩子都会渴望长大。

小一点的孩子可能会妒忌年长孩子的权利，我们可以帮助他们处理这种情绪，不要解释事实，而是要理解他们的情绪：

“你希望你也能晚一点睡。”

“你希望你能大一点。”

“你希望你不是六岁，而是九岁。”

“我知道，但是现在该睡觉了。”

父母可能在要求一个孩子要为另一个孩子作出牺牲时，无意识地助长了妒忌心理的产生：“宝宝需要你的婴儿床。”“对不起，今年我们不能给你买新的冰鞋，有了宝宝，我们需要额外的钱。”

这样做的危险是，孩子可能会感觉不仅被剥夺了财产，还剥夺了父母的慈爱。所以，这样的要求应该用关爱和感激来缓冲一下。

同情的话语：妒忌的消除

特别小的孩子表达妒忌时毫无策略：他们询问宝宝会不会死，建议把“它”送回医院，或者扔到垃圾堆里去。那些胆大的孩子甚至可能会用武力手段抵抗入侵者，他们可能会残忍地折磨小一点的孩子：他们可能会用围围巾的方式拥抱孩子，只要一有机会就可能会推、捏，或者打孩子。在一些极端情况下，妒忌的兄弟姐妹可能会导致无法挽回的伤害。

身为父母，我们不能允许孩子欺负他们的弟弟或者妹妹。虐待性的伤害，不管是身体上的，还是口头上的，都要禁止，因为这样的行为不但伤害到受害者，也会对实施攻击的人造成伤害，两方面都需要我们的力量和关心。幸运的是，为了保护年纪较小孩子的人身安全，我们没有必要伤害年长孩子情感上的安全感。

当一个三岁的孩子折磨宝宝被发现时，应该立即制止它，并且直接指出他的动机：

“你不喜欢宝宝。”

“你生宝宝的气。”

“告诉我你多么生气，我会注意到的。”

应该给孩子一个大的洋娃娃，或者给孩子纸笔，孩子可能会对着洋娃娃说话，或者愤怒地画一些线条。我们不要建议孩子该怎么做，我们所要做的是保持中立的态度进行观察，并且用同情的语调对孩子作出回应：我们不会为野蛮的情绪感到震惊。情绪是坦率的，攻击是有害的。最好把怒气象征性地发泄到一个无生命的物体上，而不是直接发泄到宝宝身上，也不是以某种症状的形式发泄到他或她自己身上。我们的话要简短：

“你向我显示了你是多么生气！”

“现在妈妈知道了。”

“当你生气的时候，过来告诉我。”

在减弱妒忌心理时，这种方法比起惩罚或辱骂要有用得多，下面的方法就是没有帮助的。当妈妈发现四岁的儿子沃尔特在拽他弟弟的脚时，她发作了：“你怎么啦？你想杀了他吗？你想杀了你自己的弟弟？你不知道你这样会使他一辈子残废吗？你想让他变成一个瘸子吗？我告诉你多少次了？不要把他抱出婴儿床！不要碰他，永远都不要碰他！”这样的反应只会加深沃尔特对宝宝的厌恶。什么样的反应才是有帮助的呢？“宝宝不是用来伤害的，这是你的洋娃娃，亲爱的，你可以想怎么拽就怎么拽。”

大一点的孩子也需要面对他们的妒忌心理。对于他们，可以更坦率地和他们交谈：

“很容易看得出来你不喜欢宝宝。”

“你希望没有他。”

“你希望你是惟一的孩子。”

“你希望我只属于你。”

“当你看到我过分照顾她时，你就会生气。”

“你希望我和你在一起。”

“你很生气，所以你打了宝宝，我不能允许你伤害她，但是当你感到被遗忘的时候，你可以过来告诉我。”

“当你觉得孤单的时候，我会抽出时间来陪你，那么你心里就不会感到孤单了。”

质量或平等：爱要惟一，而不要均一

那些希望平等对待每个孩子的父母，结果却是常常生每个孩子的气。没有什么事情比慎重的公平更弄巧成拙的了。当父母因为担心其他孩子反感，不能给一个孩子更大一点的苹果，或者更有力的拥抱时，生活就变得无法忍受了。精心计算精神或者物质上的给予，这种费神的事情会让每一个人疲惫而恼怒。孩子并不渴望平等地分享父母的爱：他们需要被爱得惟一，而不是均一。爱的重点是质量，而不是平等。

我们并不是用同一种方式爱所有的孩子，也没有必要假装如此。我们对每个孩子的爱都是惟一的，我们不必如此费劲地去掩饰。我们越是警惕地防止明显的区别对待，孩子在侦察不平等的事情时就越机警。

渐渐地，我们会发现自己处于了守势，需要防御孩子通用的战争哭喊："不公平。"

让我们不要被孩子的宣传所欺骗，不要为偏心寻找借口，不要声明我们的无辜，不要驳斥他们的控诉；让我们抑制想要解释情况或者为自己的处境辩护的冲动，不要陷入关于我们的决定是不是公平的无休止的争论中。最重要的是，不要为了公平，把我们的爱定量配给或者批量分发。

对每一个孩子，我们都要传达我们和他们惟一的联系，而不是公平和同等。当我们要和一个孩子待一会儿或者待几个小时时，就要完完全全地和他在一起。在这个阶段，让男孩子感觉到他是我们惟一的儿子，让女孩子感觉她是我们惟一的女儿。当我们和一个孩子出门时，心里不要再想着其他孩子，不要谈论其他孩子，或者给其他孩子买礼物。要想让这段时间成为孩子一段难忘的时光，我们的关心就不能被分割。

孩子渴望得到我们完整的爱，当他们的这种欲望被承认时，他们就会感到安心。当那种欲望被理解、被同情地感激时，他们就会感到安慰。当每个孩子被惟一地珍视时，孩子就会变得坚强。

离婚和再婚：妒忌的另一个竞技场

离过婚的父母的孩子可能会表现出另一种妒忌形式，那些对具有监护权的父母有亲密依恋的孩子可能会有这种妒忌。一切都很顺利，直到这段亲密关系受到另一个入侵者的威胁时，而这一次，是一个成年人对孩子的父亲或母亲感兴趣。

当双亲中的一位离开了家庭，孩子会觉得没有安全感，这很常见。他们会这样推理："如果父母中的一个可以抛弃我，那么另一个也可以。"因此他们会特别保护和他们待在一起的父亲或母亲。他们会关注父母的一举一动，确保父亲或母亲没有和另一个成年人发展出感情。他们让父亲或母亲的约会变得困难，当他或她打电话时，他们会大发脾气；当有约会时，他们会尽可能地让人讨厌。他们甚至放弃在别人家彻夜做客的机会，就是为了监视自己的父母。他们最不希望发生的事情就是和另一个陌生的成年人分享自己的父亲或母亲。

妈妈或者爸爸该怎么办呢？

他们需要理解孩子的窘境，理解他们不安的情绪，通过理解和承认他们的情绪，鼓励他们说出自己的担心：

"对你来说，现在是一个困难时刻，我请求你再一次作出调整。首先，你已经习惯了没有爸爸（或者妈妈）和我们在一起的生活，习惯了只是和我在一起的生活。现在我请求你重新安排自己的生活，能够接纳一个不是你父亲（或母亲）的陌生人。"

"你担心，如果我恋爱了，我就会不再爱你。"

"你不希望有任何人介入我们之间。"

"你担心我会不会离开你，跟着这个人一起走了。"

"你希望我不需要任何人来爱我，除了你。"

"你不希望和这个陌生人一起分享我。"

"你希望他会消失，希望我们的生活像从前一样继续。"

父母的爱和理解可以减轻孩子的担心，帮助他们调整心态，适应父亲或母亲的新的、成人的爱情。

第 8 章

孩子焦虑的一些来源：
提供情感上的安全感

父母知道每个孩子都会有担心和焦虑，但是他们不明白这些焦虑的来源。父母经常问："为什么我的孩子那么害怕？"一位父亲竟然对他不安的孩子说："不要再胡说八道。你知道你没什么好担心的！"

这里记述一些孩子焦虑的来源，并且提供一些处理焦虑的方法，可能会对父母有所帮助。

因为担心被抛弃而产生的焦虑：通过准备工作让孩子安心

孩子最大的恐惧是父母不再爱他并抛弃他。就像约翰·斯坦贝克在《伊甸园之东》一书中那不寻常的描述一样："孩子最大的恐惧是他不再被爱，不被父母接受使孩子处于害怕的状态……随着不被父母接受的感觉而来的是愤怒，随着愤怒而至的是某种报复性的犯罪……一个孩子，他渴望的爱遭到了拒绝，于是就踢打猫并把自己的内疚隐藏起来；另一个孩子偷窃，想用钱使自己得到爱；第三个孩子想征服世界——处在犯罪和报复以及更多犯罪的循环之中。”

永远不要威胁说要抛弃孩子。不管是开玩笑，还是愤怒当中，都不要警告孩子说他或她将被抛弃。有时，你会在大街上或者商场里，听到一个生气的父母冲着拖拖拉拉的孩子大叫：“你要不马上过来，我就把你丢在这儿。”这样的话会唤醒孩子一直潜伏着的对被抛弃的恐惧，它会激发孩子幻想的火苗，幻想被一个人孤零零地丢在世上。当孩子的磨磨蹭蹭超出了你忍受的限度时，比较好的方法是用手拖他走，而不是用话威胁他。

有些孩子从学校回到家时，如果父母或者监护者不在家，他们会感到害怕。他们原本处于睡眠状态的、对被抛弃的焦虑会被即刻唤醒，就像已经建议过的方法，在公告板上留一个信息，告诉孩子父母去了哪里会比较好，或者用录音的方式。对于年纪小的孩子，录音带的信息特别有用。父母平静的声音和充满爱意的言语能够让他们忍受暂时的别离，而不至于产生过度的焦虑。

当生活的情势使得我们不得不离开自己年幼的孩子时，分离之前必须作好充分准备。有些父母发现很难告诉孩子他们要因为工作、假期或者一项社会义务离开家。因为担心孩子的反应，他们会在晚上，或者当孩子在学校时，偷偷地离开，把事情留给亲戚或者保姆来解释。

一位妈妈有两个三岁的双胞胎，她必须接受手术，家里的气氛紧张、不安，但是孩子们一无所知。在进行手术那天的早上，妈妈手里提着一个购物袋，假装她要去超级市场。她离开了家，三个星期之后才回来。

在这段时间里，孩子们看上去无精打采。父亲的安慰起不到任何慰藉作用。他们每晚都是哭着睡觉。白天，他们很多时候站在窗前，为妈妈的事焦急、烦躁。

如果事先让孩子作好准备，孩子们接受这种分离的压力时会更容易些。有意义的准备要求的不只是一般口头上的解释，它需要交流，交流时要用孩子对玩具以及玩耍时使用的语言，一种跟孩子的心灵交流的语言。

还有一个例子，一位妈妈在入院前两个星期，告诉三岁的女儿伊维特即将发生的事情。伊维特显得漠不关心，但是她的妈妈没有被她缺乏好奇心的表象所愚弄，她说："让我们来演'妈妈要去医院'吧。"她拿出一些娃娃（专门为了这次事情买的，或者在孩子的帮助下做的），代表家庭成员、一个医生，还有一个护士。妈妈一边操纵合适的娃娃，一边替他们说话，她说："妈妈要去医院治病，妈妈不会回家。伊维特奇怪：妈妈到哪里去啦？妈妈到哪里去啦？但是妈妈不在家，她不在厨房、不在卧室、不在客厅。妈妈在医院，看医生，治病。伊维特哭了，我要妈妈，我要妈妈。但是妈妈在医院治病，妈妈爱伊维特，想念她，每天都想念她。她想念伊维特，爱伊维特。伊维特也想念妈妈。然后妈妈回家了，伊维特非常高兴，拥抱并亲吻了妈妈。"

这出分离和团圆的戏，妈妈和女儿演了一遍又一遍。开始的时候，多数是妈妈在说，但是很快，伊维特开始说。利用这些娃娃，她告诉医生和护士要好好照顾妈妈，要让她康复，尽快送她回家。

在妈妈离开前，伊维特请求她再重演一次戏，伊维特说了大部分台词，结束表演时，她非常放心："不要担心，妈妈，你回来时我会在这里。"

在离开前，妈妈还做了几个其他的安排：她介绍了新的保姆给伊维特认识；她放了很多她的照片和伊维特的照片在化妆台上；她录了一盒磁带，里面是几个伊维特最喜欢听的睡前故事，还有一些充满爱意的话。在无法避免的孤单时刻，妈妈的照片和话语让伊维特安心，感觉到妈妈的爱依然在身边。

由于内疚而产生的焦虑：简洁更加有效

父母会慢慢地、无意识地唤醒孩子心中的内疚感。内疚就像盐，是使生活丰富多彩的有益调味剂，但是永远不能让它当主菜。当孩子违反社会行为规则或者道德行为规范时，就会产生内疚。但是，当孩子被禁止某些消极的情绪或者"卑鄙的"想法时，孩子会不可避免地产生太多内疚和焦虑。

为了防止不必要的自责，父母对待孩子的犯规行为，应该像一个优秀的技工处理损坏的汽车那样。他不会谴责车主，而是指出需要修理的地方。他不会谴责汽车的噪音，或者咔哒咔哒声，或者吱吱声，他利用这些声音来进行诊断。他问自己：问题可能出在哪儿？

如果孩子们心里知道他们可以随自己高兴地想象，而不必担心失去父母的爱和支持，这对他们是一个巨大的安慰。当有不同意见时，这样的表达会比较有用："你这样想，但是我的想法不一样。我们对这件事的想法不同。""你的看法好像对你而言是正确的，我的看法不一样，我尊重你的看法，但是我有不同的看法。”如果父母唠叨，给孩子不必要的解释，可能会无意识地导致孩子内疚。特别是这样的父母，更容易导致孩子产生内疚：相信他们必须控制局面，孩子必须同意他们，即使谈话的主题很复杂，孩子也还不成熟。

五岁的扎伽利对幼儿园的老师很生气，因为老师已经因病休息了两个星期。老师回来的那天，扎伽利一把抓住她的帽子，跑到了院子里。妈妈和老师都跟着他。

老师：帽子是我的，应该还给我。

妈妈：扎伽利，你很清楚那帽子不是你的，如果你拿着帽子，玛塔小姐会感冒，又要生病了。她之前病了两个星期，你知道的。现在，扎伽利，你不希望老师再次生病吧？

如此解释的危险是扎伽利可能会觉得需要对老师的病负责任，并且感到内疚。这通冗长的解释不但不切题而且有害。这个时候需要做的就是拿回帽子。手中的一顶帽子比院子里的两个解释要有效得多。

可能事后老师会跟扎伽利讨论他对她没来上课的愤怒，向他指出处理这种情绪的更好的办法。

因不信任或者不耐烦而产生的焦虑：给孩子成长的空间

当孩子被阻止参与某种活动，被阻止承担某种他或她已经能够承担的责任时，他们内心的反应是不满和愤怒。小孩子不可能很快地、熟练地掌握技巧，他们需要花很长时间来系鞋带、扣上衣的扣子、穿上外套、拧开瓶盖，或者旋开门把手。对他们最好的帮助就是耐心的等待，对任务的困难进行一点评价：“穿一件外套不容易。”“瓶盖很难拧开。”

这样的评价会对孩子有帮助，不管他们的努力是失败了还是成功了。如果孩子成功了，他们知道一件很难的家务事被征服了，他们会有满足感。如果孩子失败了，父母知道这件事很难，他们会感到安慰。不管是哪种情况，孩子感觉到了理解和支持，这会加深父母和孩子之间的亲密感。某件事失败了，不能因此让孩子感到自己能力不够。孩子的生活不能被大人对效率的需要所控制，这一点至关重要。效率是孩子的敌人。就孩子的情感的经济性而言，效率的代价太高了，它耗尽孩子的才智、阻碍成长、抑制兴趣，可能会造成情感上的彻底崩溃。孩子需要试验、努力的机会，需要在没有催促或者辱骂的情况下学习。

由于父母之间的冲突产生的焦虑：内战导致的后果

当父母吵架时，孩子会感到不安和内疚。感到不安是因为他们的家庭遇到了威胁，感到内疚是因为他们在家庭冲突中的实际的或者想像的角色。不管有没有道理，孩子经常会认为自己是家庭冲突的原因。孩子无法在父母发动的内战中保持中立，他们或者站在父亲一边，或者站在母亲一边，后果对他们的性格发展都是有害的。当父母不得不争夺孩子的爱时，他们通常会使用一些手段，诸如贿赂、奉承和说谎。孩子成长过程中伴随着分裂的忠诚和长期的感情矛盾。而且，保护父母中的一个免受另一个伤害的需要，以及迎合一个反对另一个的机会会在孩子的人格中留下印记。从很早的童年时代起，他们就夸大了自己对竞争双方的价值，不断提高自己的身价，他们学会了利用和剥削，学会了密谋和勒索，学会了窥视和搬弄是非。他们学会了生活在一个正直和诚实是缺点和障碍的世界里。

父母可以平静地讨论相互之间的分歧，或者留待私人时间讨论。对孩子来说，让他们知道父母之间有分歧，需要协商，这样会比较好，而让他们目击父母之间的互相攻击对孩子则没有好处。

当父母离婚时，情形会恶化，在大人的战争中，孩子被当成棋子利用。他们经常被要求窥探父亲或母亲，被怂恿抱怨某个父亲或母亲，显示出对另一方的偏心。他们还被利用当成传话筒，在父母之间传达不好的信息。当发生这样的事情时，孩子的生活显然不会有进步。孩子经常不得不扮演大人的角色来让父母放心——他爱他们两个人。

对于父母离异的孩子来说，即使不受导致父母离婚的种种不愉快事情的影响，生活也已经够麻烦的了。他们需要放心，需要知道父母依然爱他们，他们不会卷入到父母的争论中去。在离婚之后，孩子也需要一段时间来哀悼失去了稳定的家庭，需要一段时间来调整自己的心态，以适应新的现实。

由于生命的终结而产生的焦虑：神秘面纱下的谜团

对于成年人来说，死亡的悲剧在于它的不可逆转性。死亡，是最终的结局、永恒的结局，是所有希望的终结。因此，死亡是个人无法想象的：我们不能想象自己的生命停止，不能想象自己的躯体腐朽。人本身包括记忆和希望，过去和未来，人无法看到没有未来的自己。由宗教信仰带来的安慰正好属于这个范畴，它向人们提供了来世，因此人们可以在平静中生活，在平静中死去。

如果死亡对于成年人来说都是一件难以捉摸的事情，那么，对于孩子来说，死亡就是神秘面纱下的谜团。年幼的孩子无法理解死亡是永恒的，不管是父母，还是牧师，都无法把死去的人带回来。在死亡面前，魔法愿望的无效对孩子是一个沉重的打击。它动摇了他们用主观愿望影响事件能力的信心，这使他们感觉到脆弱和焦虑。孩子们看到的是，不管有多少眼泪和抗议，深爱的宠物或人不在了，结果，他们觉得自己被抛弃了，不再被爱了。他们的恐惧体现在他们经常问父母的问题里：“你死了之后，还会爱我吗？”

有些父母努力保护他们的孩子，不让孩子遭受失去某个他们深爱的人的痛苦和悲伤。如果一条金鱼或者一只乌龟死了，父母赶紧用新的来替代，希望孩子不会发现两者的差异。如果一只猫或者狗死了，父母会赶紧给痛苦的孩子一只更可爱、更昂贵的替代品。孩子从这些突然失去又迅速替代的早期经验中获得了什么教训呢？他们可能会得出结论，失去所爱不是那么了不得的事情，爱可以很容易地转移，忠诚也可以很容易地替换。

孩子（以及成年人）不应该被剥夺痛苦和哀伤的权利。他们应该能够自由地为失去某个深爱的人而感到痛苦。当孩子能够为了生命和爱的终结而哀悼时，他们的人性得到了深化，人格也更加高贵。最基本的前提是，孩子不应该被排除在家庭生活中出现的痛苦之外，就像不能把他们排除在家庭生活的欢乐之外一样。如果发生了死亡的事情，却没有告诉孩子，那么孩子可能会一直沉浸在莫名的不安中，或者孩子可能会用恐惧和混乱的理由弥补信息上的不足，他们可能会因为死亡而责备自己，感觉自己不仅和死去的人分开了，甚至和活着的人也分开了。

帮助孩子面对失去所爱的人的第一步，就是允许他们充分地表达出他们的担心、幻想和感受。和一个关心你的聆听者分享内心深处的情感会带来安抚和慰藉。父母也可以把孩子一定会有的情绪用语言表达出来，不过可能会发现表达有点难。举个例子，当孩子深爱的奶奶去世之后，父母可以这么说：

“你想念奶奶。”

“你非常想念她。”

“你非常爱她，她也爱你。”

“你希望她和我们在一起。”

“你希望她还活着。”

“很难相信她已经死了。”

“很难相信她不和我们在一起了。”

“你会好好地记着她。”

“你希望你能再次看望她。”

这样的话可以告诉孩子，父母关心他们的感觉和想法，鼓励他们说出他们的担心和幻想。他们可能想知道死会不会痛，死去的人还会不会回来，他们和他们的父母会不会死。回答应该简短而诚实：当一个人死了，他的身体不会感觉到疼痛；死去的人不会再回来；所有的人最终都会死去。

跟孩子谈论死亡时，最好避免使用委婉语。当一个四岁的女孩被告知爷爷永远地睡去了时，她问爷爷有没有带睡衣。她还担心爷爷会生她的气，因为在他睡觉之前，她没有跟他说晚安。当被告知“奶奶去了天堂，变成了一个天使”时，一个五岁的男孩祈祷家里其他的人也死去，变成天使。

当简洁、诚实地告诉孩子真相时，同时给他一个充满爱意的拥抱和关切的眼神，孩子会觉得安心。这种方法只有当父母自己接受了生命和死亡的现实时，才是有效的。最重要的是，态度比言语更重要、更有效。

成长并不容易，成长的过程中充满了烦恼的想法和感觉，诸如怀疑、内疚，特别是不安和焦虑。孩子担心被抛弃，为父母之间的冲突感到烦恼，对死亡和垂死感到困惑和担忧。父母无法消除孩子所有的焦虑，但是他们可以帮助孩子更好地处理这种情绪，表达对孩子担心的理解，帮他们为烦扰、可怕的事件作好准备。

第 9 章

性和人类价值观：
需要审慎处理的重要问题

许多父母不希望知道他们的孩子性方面的行为，青少年也并不热衷和自己的父母分享他们的私生活，特别是当他们觉得父母会反对时。一位妈妈在养育小组中讲述道："当我年轻的时候，我希望能独立于父母的道德评价之外，我做爱时没有内疚，也没有悔恨。但是我现在身为母亲，有一个十几岁的女儿，理智上，我能接受她会有性生活这种想法，但是我不希望知道，我不希望她来向我咨询这件事，或者和我分享。"

事实上，父母可以被孩子是有性生物的想法完全控制，以至于他们并不在意孩子在性方面的行为。

明尼苏达大学青少年健康和发展研究中心的一个研究小组在 2000 年 9 月发布过一个报告，报告中说，性生活活跃的青少年的母亲，有一半人错误地相信她们的孩子还是处子。研究中心的主任说，研究并没有调查为什么这么多母亲（这里不提父亲，因为有很少的父亲会回答这个问题）没有意识到她们孩子的性行为。

父母和孩子之间的交流只有在信任和关心的基础上，才是有效的，特别对于十几岁的青少年来说更是如此。只有当年轻人感觉到他们可以轻松地接近父母，父母会倾听他们的观点，而不是大喊大叫、批评，或者驳斥他们所说的话时，他们才会谈论他们对性的关切。十三岁的塞尔玛说："我不能问妈妈任何关于性的事，如果我问了，她就会开始怀疑我为什么问这个问题，她会问：'你想知道什么？'"十二岁的朱丽叶说："我的妈妈相信无知能够保证清白。我问她任何关于性的问题，她都会非常生气。她通常会回答：'等你长大了，你就会知道所有你想知道的事情了。'"

有些父母——多数是男孩的父母——对于儿子的性方面的关系坦然处之，甚至鼓励。而有些父母宁愿不知道孩子的性经历，因为他们不知道如何回应，才能既不会让孩子感到内疚，又无需赞成婚前性行为。

下面的事件中，查尔斯的父亲尽管一开始很震惊，但还是避免了上述的两难境地。查尔斯十七岁，刚在一家寄宿中学完成了第三年的学业回到家中。

查尔斯：我有一个非常棒的女朋友。

父亲：哦。

查尔斯：我真的很喜欢她，我明天要去见她。

父亲：你有一个约会。

查尔斯：我上个星期在学校遇到她，一开始她和拉里约会，但是我能看得出来，她喜欢我。在我真正喜欢她之前，我和她上了床，但是现在我已经很了解她，很喜欢她了。

父亲（被儿子的话惊得目瞪口呆，完全没有预料到会听到这样的事）：哦，查尔斯，你遇到了一个女孩子，而且真的很喜欢她，多么让人激动啊！

查尔斯：上个星期我们一直在一起，我真的很喜欢她，我简直等不及再看到她。

父亲：听起来你上个星期在学校的生活非常开心。我猜你今年有了很多新的体验。

查尔斯：是的，你大概不会相信我在音乐课上学到了多少东西，我确信我现在已经和以前不一样了，我想上学让我变得成熟了。

查尔斯的父亲没有布道和说教，那样可能会让儿子觉得内疚，或者以后不再愿意向父亲倾诉，查尔斯的父亲把谈话集中在儿子发现新爱的欢乐上，以及帮助他把自己看成一个正在步入成熟的人。

但是，有些父母，特别是那些有宗教信仰的父母，对于他们来说，婚前性行为是一种罪恶，他们认为，要让孩子哪怕是仅仅对性感兴趣都要感到内疚，这样才是有效的传授道德观的方法。

十三岁的萨曼塔知道妈妈对任何有关性的事情的看法，希望妈妈能答应举行一个初中毕业聚会，让朋友们过来玩。

萨曼塔：我可以办一个毕业聚会吗？

妈妈：如果你想的话。

萨曼塔：你知道孩子在聚会上干什么吗？他们会接吻。

妈妈：哦。

萨曼塔：你知道，在我的聚会上也可能会发生这样的事。

这样可以吗？我不知道我们是不是会这样做，如果由我决定，我们不会这么做，但是我们可能会这么做。你赞成吗？

妈妈：我要想一下。

萨曼塔：你知道《圣经》赞成性行为吗？

妈妈：赞成谁？

萨曼塔：丈夫和妻子？

妈妈：对已婚夫妇当然赞成。

萨曼塔：聚会呢？你赞成吗？

妈妈：你觉得呢？

萨曼塔：你想你会说不，是吗？

妈妈：是的。

萨曼塔：告诉我为什么？我只是想知道原因。

妈妈：嗯，我认为你们这个年龄的男孩子和女孩子太年轻了，接吻和爱是已婚成年人的事情。

萨曼塔（叹息）：我就知道你会这么说。

萨曼塔的妈妈错过了一个多么好的机会，可以让她的女儿对她懵懵懂懂的性兴趣感到轻松、放心。她可以对她好奇的女儿说："我能看得出你对浪漫的关系很感兴趣，但是我觉得这种事不适合你这种年纪的人，让我们想一想还有什么其他的事情会让你和你朋友感兴趣。"她没有这么说，相反却增加了原本就内疚的女儿的自责。

父母自己对性的态度

父母对孩子的性教育始于父母自己对待性的态度。他们喜不喜欢看、闻、抚摸自己的身体，还是认为自己有什么令人不愉快的地方？他们看到对方赤身裸体时会不会高兴，还是害羞地闭上眼睛，穿好衣服？他们对自己或伴侣的性别有没有特别讨厌的地方，还是很赞赏？他们把对方看成不体贴的、自私的人，还是令人激动的分享喜悦的倡议者？

不管父母未说出口的感觉是什么，孩子们都能感觉到，即使他们在言语中尽力掩饰自己的感觉。这就是为什么告诉父母如何回答孩子关于性的问题如此困难的原因。父母自己在这个方面的迷惑必须首先得到承认，他们的担忧和尴尬必须得到更正。

性感觉的开始

从一出生，婴儿就能够感觉到身体的愉悦；从一出生，性的意识就开始形成。一旦有能力时，他们就开始探索自己的身体。他们触摸自己的四肢，当别人触摸他们、挠他们痒痒、拥抱他们时，他们会高兴。这种早期的触摸和爱抚是性教育的一部分。通过这些动作，他们学会了接受爱。

有一段时间，妈妈们被告诫不要拥抱她们的宝宝，不要和他们玩，以免宠坏他们。即使是那个时候，这种原则对父母来说也没有任何道理，因为他们自己也有拥抱的需要和欲望，这种欲望比任何规则都强烈。现在，我们知道婴儿需要大量温柔的爱抚和拥抱，爸爸妈妈都需要去满足婴儿的这种要求。它产生一种彼此幸福的体验，以及婴儿和父母之间特别的纽带。用母乳喂养孩子的妈妈，这种彼此满足的体验更多，她们会感到更加快乐。

当孩子发现嘴巴能够产生特别的愉悦时，他们就把任何可以放入嘴中的东西放入嘴中：拇指、地毯、玩具等等。吮吸、咀嚼、咬等动作带来愉快的感觉，甚至是不能吃的东西也一样。这种嘴的愉悦不能被禁止，只能调整：我们务必要保证孩子放入口中的东西要卫生。有些婴儿通过吃就可以获得全部的口头愉悦，而有些孩子需要辅助的吮吸，我们应该不加限制地准许。在孩子一岁左右的时候，嘴巴是孩子认识世界的主要镜子，让它成为一面愉快的镜子吧。

性和如厕训练

在孩子两岁的时候，他们对排泄的愉悦更感兴趣。对他们来说，看、闻、触摸粪便没什么恶心的，父母在指导他们文明的排便习惯时，要特别小心，不要影响他们，不要让他们对自己的身体和身体产物反感。生硬、仓促的措施会让孩子觉得他们的身体以及身体所有的功能都是可怕的东西，而不是让人喜爱的。

不耐烦的训练结果只会适得其反、弄巧成拙。通常来讲，孩子一般两岁半到三岁的时候，白天大概已经能够控制排便，夜晚的控制，大概在三岁到四岁时才能做到。当然，意外事故肯定会有，应该得到理解：“哦，这次你没来得及去洗手间，你忙着搭宝塔呢。我来帮你弄干净。”

缺乏训练同样达不到目的。如果对孩子不闻不问，他们可能会在很长一段时间里不断地弄湿、弄脏裤子。对有些孩子来说，他们可能会觉得很高兴，但是同时，他们也怀念真正完成排便所带来的满足感。在孩子到了一定年纪之后，父母应该清楚、和蔼地告诉他或她父母希望他们做的："现在你已经不再是个小宝宝，你已经是个大男孩了，妈妈和爸爸希望你当你想要去厕所的时候告诉我们，我们会把你放到便器上。"

回答问题

性教育包括两个部分：知识和价值观。知识可以在学校、教堂，或者家里获得。但是价值观最好在家里教给孩子。孩子通过观察父母之间的相互作用和配合来学习两性和爱的关系。看到父母亲吻、拥抱，或者做爱前戏，解答了他们许多关于性和爱的问题。同时，这也鼓励他们公开自己的感情和爱的感觉。

在两性教育中，父母不能教得太多太快。在回答孩子关于性的问题时，尽管没有理由不坦白地回答，但是回答不需要变成一个关于产科方面的课程。回答可以简短，一句话，或两句话，不要长篇大论。

告诉孩子关于性的问题的合适年龄是当孩子开始问问题的时候。当一个两三岁的孩子指着他的生殖器问"这是什么?"时，就是告诉他答案的最佳时机。"这是你的阴茎。"尽管孩子可能更愿意把阴茎叫做"嘘嘘"，或者"小鸡鸡"，大人还是应该使用正统的名称。

当孩子奇怪婴儿是从哪儿来的时候，我们不应该告诉他婴儿是从医院来的，或者鹳送来的。我们应该告诉他："它是从妈妈身体里一个特别的地方长出来的。"这个时候有没有必要告诉他这个特别的地方就是子宫，取决于他有没有进一步问问题。

通常来说，从童年时代的早期开始，孩子就应该学习他们器官的名称和功能，以及两性之间在解剖学上的差异，解释时不应该牵扯到植物和动物。

有两个问题困扰着几乎所有的学龄前儿童：宝宝是怎么受孕的？它是怎么生出来的？在告诉他们答案之前，我们应该先听听他们的想法。他们的答案通常会涉及到食物和排泄。一个聪明的孩子解释说："好宝宝是由好的食物变来的，他们在妈妈的肚子里生长，从肚脐里蹦出来。坏的宝宝是由坏的食物变来的，他们从大小便的地方出来。"

我们的解释应该实事求是，但是性交部分不需要详细说明："当爸爸和妈妈想要一个宝宝的时候，爸爸身体里有一种叫精液的液体，里面有很多微小的精子细胞，精液遇到妈妈身体里的卵细胞，当精子细胞和卵子细胞结合的时候，就是宝宝开始生长的时候了。等宝宝足够大了，它就从妈妈的阴道里出来。"有时候孩子会要求看看他们出来的地方，最好不要允许这种对隐私的冒犯，我们可以画一幅人体图，或者用娃娃来做演示，或者利用有图解说明的书籍。

我们的答案可能只能满足孩子一段时间。他可能会回来，带着同样的问题，或者另外的问题。孩子的下一个问题可能是父母害怕的一个问题："爸爸的精子是怎么到达妈妈的卵子的？"同样的，我们应该先问问孩子自己对这件事的解释。我们很可能会听到"播种"的理论（爸爸把一颗种子播入了妈妈的身体里）、"吃种子"的理论（爸爸让妈妈吞下一个果核）、授粉理论（风把种子吹进了妈妈的身体里）、手术理论（医生通过手术把种子植入了妈妈的身体里），等等。

然后，我们可以简洁地回答孩子的问题："精液从爸爸的阴茎里流出来，进入妈妈的阴道。"这可能是个很好的机会，向孩子强调精液和尿是不同的："尿是身体排出的废物，精液是携带精子细胞的液体。”

下一个冒出来的问题可能是：“你和爸爸什么时候制造小宝宝的?”这个问题并不是像听上去的那样多管闲事。简单的回答就够了：“妈妈和爸爸会选择一个他们都感到舒适并且只有他们两个人的时候制造宝宝。他们互相爱着对方，希望有一个宝宝来爱。”可能还需要告诉孩子交配是私密的事。

有些男孩子希望他们的父亲也能生孩子。他们问：“为什么妈妈的卵子不能进入爸爸的身体?”这时，要跟他们解释女人的身体里有一个地方——子宫——宝宝需要在那里成长。男人的身体里没有子宫。正常情况下，孩子会问“为什么?”可以简单回答：“因为男人和女人的身体构造不一样。”应该向男孩子保证，宝宝同样需要父亲来爱他们，保护他们。

在一天的最后，父母必须记住，尽管和孩子讨论性问题通常会非常尴尬，但是保持幽默可以帮助他们成功应付哪怕最紧张的情形。一位母亲讲述了下面这个有趣的故事：“我两岁半的儿子保罗问我有没有阴茎，我说没有，他就问那么我那里有什么，我回答说：‘妈妈那里有一个特别的地方。’保罗问：‘它叫什么?’我告诉他那个词，想着他太小了，还不懂这些。几个星期之后，有一天，我推着他的婴儿车进入我们大楼的一个拥挤的电梯。一个嗓门很大的、上了年纪的妇女开始询问他：‘你叫什么名字？你假期过得愉快吗？你会不会说嗨?’保罗没有说话。我弯下腰，在保罗耳边低声说：‘说嗨。’‘嗨！’他用尽全身力气喊道。那个女人尖叫起来，‘哦！至少他能说嗨！’保罗盯着她，清晰地说道：‘我还能说阴道。’电梯里笑翻了天，我几乎也无法保持镇静。在我们进了房间之后，他说：‘那是我知道的最大的词。’”

裸体

在童年时代，看到裸体的妈妈或者爸爸，可能会刺激孩子的性兴奋。这是不是说我们要回到维多利亚假正经时代呢？完全没有必要。但是这确实说明我们需要隐私，不仅为了我们自身的安心，也是为了孩子的发展着想。当我们洗澡或者穿衣服的时候，孩子有时会闯进来，我们可能会忍受这种行为，但是我们不应该鼓励这样的行为。我们要特别小心不要让孩子相信我们希望他们裸露自己。

我们承认孩子对人类的身体感到好奇，他们曾经有机会观察过小男孩和小女孩之间的差别，也曾偶尔看到过我们的身体，他们希望看到更多。最好是坦诚地承认他们这种好奇心，但是还是要坚持合理的隐私。“你可能希望看看我什么样子，但是我要洗澡，我希望单独一个人。我们可以看一些图片，那些图片会解答你的问题。”这种方法不会束缚或者妨碍孩子的好奇心，它只是把孩子的好奇心引导到一个更容易被社会所接受的渠道上去。孩子的好奇最好用言语表达出来，而不是用看和触摸的方式。

手淫

儿童时代的手淫是让人愉悦的，可能会给孩子带来舒适感，但是也让很多父母产生矛盾心理。通过手淫，孩子可能会在孤独的时候找到自爱，无聊的时候找到自我消遣，被拒绝时找到自我安慰。大多数父母通过听闻、阅读，甚至自己的经验，认为手淫无害。他们知道手淫不会造成精神异常、不育、阳痿或者其他任何疾病。但是，当他们撞见孩子玩弄自己的性器官时，他们还是会感到不舒服，试图阻止孩子。父母从理性上承认手淫可能是正常的性发育过程中的一个阶段，或者它可能会持续到成年。但是，对有些父母来说，依然难以接受自己的孩子进行手淫。

但是，手淫是孩子性实验中的一个很自然的部分。父母如果觉得孩子在公共地方手淫——在餐桌旁或在车里——不好，那么应该提醒孩子这些令人愉快的行为应该在私下进行。不要反应过激或者责备孩子，这非常重要，只需要一句简短的、直接的评论即可："这种抚摸的感觉很好，但是这是不宜公开的行为，应该在你自己的房间进行。"

禁止的游戏

婴儿喜欢研究自己的身体，儿童们喜欢互相研究身体。我们中的许多人还记得很小的时候，在确保父母看不到我们的时候，对一个异性朋友说："如果你把你的给我看，我就把我的给你看。"这种对知识的渴望不容易被抑制。生理上的不同使孩子感到困惑，他们需要知道这种不同并不意味着他们有什么不妥。即使当事实得到了解释，他们的感觉得到了理解时，他们可能依然会进行这种相互的研究。他们发明游戏，例如扮演医生，或者玩过家家。他们可能在商量之后玩偷窥的游戏。即使对性很开明的父母也会发现很难不带丝毫感情地处理这些情况。他们可能会忍住不去打孩子，或者责备孩子，但是他们不知道对这种行为该如何制定一个明确的限制措施。在我们这个时代、这个年纪，有些父母甚至怀疑要不要干涉孩子的这种隐私行为，担心这样会妨碍孩子将来的性生活。

当一个两岁或者三岁的小女孩观察一个小男孩如何尿尿时，就可以给她讲生理学的课了。在幼儿园，孩子共用一个厕所，可以通过直接观察来满足好奇心，但是，等到孩子上一年级的时候，应该认为他已经看够了。当父母发现一个男孩和一个女孩裤子脱下了，而衣服还穿着时，不要问他们："你们在干什么？"（如果孩子说出了整个真相，可能会很尴尬。）不要用这样的评论来责备或者训斥孩子："你们是怎么啦？你们应该为自己感到羞愧！吉米，我要你马上回家，至于你，梅利莎，以后再来处置你。"而另一方面，父母也不应该找一个随便的借口或者虚假的托辞，例如："你们不觉得这样赤身走来走去很冷吗？"应该这样跟孩子说："吉米，梅利莎，你们两个现在都穿上衣服，找一些其他的事情来玩。"我们平静、不令人惊恐的态度限制了孩子的性实验，而又不至于妨害孩子对性和爱的兴趣。

脏话

没有哪个父母真的希望他们的孩子对同龄人说的脏话完全无知。这些话非常有力，富有表现力，又是被禁止的，因此会让孩子觉得自己是个大人，觉得自己重要。当孩子在一个秘密的聚会上使用一连串脏话时，他们会觉得仿佛刚刚起草了自己的独立宣言。

下流的词语必须要向孩子加以描述和解释。父母应该坦白地告诉孩子他们对这件事的感觉，妈妈可以说："我一点也不喜欢这些词，但是我知道有些孩子会说，甚至有些大人都说，我不希望听到它们。随你的朋友说去吧。"同样地，我们承认并尊重孩子的愿望和感觉，但是要限制并指导他们的行为。

同性恋

有些父母看到自己处于青春期前的孩子和同性的朋友产生亲密、甚至强烈的情感时，会感到心烦意乱、不知所措。他们担心孩子的性取向，主要是因为他们担心孩子在公开承认自己是同性恋之后，将会遭遇到的种种挑战。在青春期前，男孩子会与男孩子亲密地聚在一起，女孩子会与女孩子亲密地聚在一起。他们聚在一起的大部分时间里会谈论性。他们会交换经验，讲述、复述各自的发现。这种同性之间的友谊是发展出异性之爱的必要前奏。

有些孩子会和同性的孩子进行实验。但是，我们现在知道，除非他们有这方面的倾向，否则他们还是会选择异性伴侣。印第安纳大学金赛性研究所的研究人员在1994年的报告中说，尽管有许多人承认曾经有过同性恋的经历，但只有百分之四的男性和百分之二的女性认为自己是同性恋。在青春期对性取向的困惑并非不正常。

那些开明的父母的孩子很幸运，这些父母能够允许孩子与父母分享孩子对性的感觉的关切。专家们能告诉父母什么呢？若干年以前，同性恋的青春期孩子会被送去接受心理治疗，但是，即使是弗洛伊德对于改变一个人的性取向也并不乐观。现在，我们知道，同性恋在很大程度上是受生物学的影响，因此同性恋变得更容易被接受，而改变一个人性取向的尝试也减少了。

在和孩子谈论同性恋时，父母不应该进行价值判断或者进行道德上的暗示。同样，对于究竟为什么一个男人会爱上另一个男人而不是女人，也不要避而不谈。在这个问题上，要对孩子诚实，告诉孩子你所知道的最有用的知识。你的孩子会感谢你，因为当他问你“为什么丽贝卡有两个妈妈?”时，你信任他，告诉了他真相，而不是避而不谈。

性教育

在生活中、文学作品中、电视里以及电影里，性的禁忌和避讳正日益被打破。我们这个时代的气质是直率和自由。性不再是被禁止的话题，在学校里可以进行性教育，在家里也可以谈论性。即使在教会里，道德也根据现实而被重新评价。现实是，性已经成为一个流行的主题。

十几岁的青少年希望尽可能地学习性的知识，他们被性的问题所烦扰，感到困惑，希望得到现实的、亲身的答案。当有机会严肃讨论性时，青少年会自由、敏感地谈论这个话题。他们寻找标准和意义，他们希望客观地了解自己的性特征，希望把它和他们整体的人格结合起来。

分享孩子的性经历

十五岁的詹森跟他的父亲谈论性和爱。他说：“我已经发现了男孩和女孩之间真正的差别，女孩为了得到爱而承诺性，男孩为了得到性而承诺爱。爱她们，然后再离开她们是我的哲学。”

父亲：在你爱上一个女孩又离开她之后，女孩会发生什么？

詹森：这不关我的事。我尽量不去想它。

父亲：那么，想一下。如果你用爱的承诺诱惑一个女孩子和你发生性关系，那么她的感觉就和你有关系。

詹森的父亲坚持他的道德观，认为诚实和责任适用于所有的人与人之间的关系。不管在什么情况下，简单的或复杂的、社交的或跟性有关的，都需要个人的正直。

十六岁的娜塔莉说：“我的父母和我的生活中，有一条未明说的准则：‘不要问很深的问题，不要给出真实的答案。’他们真的不想知道发生了什么，我不能告诉他们，因此，可以说我是一个好女孩。”

“我的父亲总是自吹自擂他有多么坦白，多么诚实，”十五岁的乔舒亚抱怨说，“但是一旦涉及性，他的诚实就没有了。在这个领域，我的直率不受欢迎。”

父母应该鼓励他们十几岁的孩子要诚实对待性的感觉：当他们想说“不”的时候，不要说“是”；父母要聆听他们的需要，考虑到他们的舒适；要告诉孩子不要急着获得满足，或者急着陷入某种关系；不要因为只是觉得自己已经长大了而发生性行为；不要把性关系和爱的关系相混淆。

很多父母对于他们在青少年的性生活中应该担任什么样的角色感到困惑。萨莉的妈妈去向心理学家咨询，因为她十七岁的女儿跟她要避孕药：“我了解我的女儿，她恋爱了，想做爱，服用避孕药至少会让她安全。但是轻易地让她和别人发生性关系，这让我很不舒服。”

“青少年跟父母要避孕药，正是这种要求说明他们还没有准备好进入成年期。”心理学家回答说，“给孩子提供这种药，父母就让孩子失去了一个重要的经历：自己作决定并承受后果。一个成年人不会把责任推到另一个人身上，她要承担自己的责任。”

萨莉的妈妈回家后，告诉女儿：“亲爱的，如果你觉得你已经准备好可以有性行为了，那么你同样可以去向你的医生咨询避孕药的事情。如果我给你避孕药，那么我就被牵涉进来要为你的行为承担责任，而不是你自己承担责任。”

成熟的爱

“只有爱才能证明性是正当的。”十六岁的贝蒂说，“所以我一直在爱。”这种玩世不恭的行为有其社会历史原因。贝蒂可能觉得有罪恶感，惟一能证明她的性行为是正当的方法就是恋爱。爱，不管是真实的，还是想像的，都能够弥补她的罪恶感。但是，爱不仅仅是感情和激情，爱是一个系统，包括态度和一系列的行为，使爱的人和被爱的人的生活得到升华。浪漫的爱经常是盲目的，它只承认所爱的人的优点，却看不到他的缺点。相反，理智的爱在接受长处的同时并不拒绝短处。理智的爱，不管是男孩，还是女孩，都不会试图利用或占有对方。每个人都只属于他或她自己。这样的爱给每个人自由发展的机会，使每个人都成为最好的自己。爱和性不是一回事，但是，幸运的人能够将两者结合起来。

第 10 章

总结：

如何养育孩子

养育的目标是什么？是帮助孩子成为一个正派的人，一个受人尊敬的人，一个富有同情心、能承担责任、关心他人的人。如何教化孩子？只能用人道的方法，要承认过程就是方法，结局并不能证明手段的有效和正当，在我们努力教育孩子待人接物、为人处事时，要想有效果，就不能伤害他们的感情。

孩子从经验中学习。他们就像湿水泥，任何落到他们身上的话都能对其造成影响。因此，重要的是，父母要学会跟孩子谈话时不要激怒孩子，不要对他们造成伤害，不要削弱孩子的自信，或者让他们对自己的能力和自我价值失去信心。

父母制定家庭的基调，他们对每个问题的回应决定着这个问题是会升级还是降级。因此，父母需要抛弃那些拒绝的语言，要学会接受的语言。他们也确实知道这些语言，他们听到自己的父母和客人、陌生人说话时就是使用这种语言。那是一种保护情绪、而不是批评行为的语言。

一个穿着牛仔服的大学生过街时，一个出租车司机差点撞到他，出租车司机极为愤怒，开始责骂他：“你怎么不看看你要去哪儿啊？你这个游手好闲的家伙！你想找死啊？可能你需要你妈妈拉着你的手！”

年轻人站直了身体，平静地问道：“这就是你对医生说话的态度吗？”司机深感后悔，向年轻人道了歉。

当父母跟孩子说话时，如果把孩子当作医生似的，那么他们就不会激怒孩子。

诺贝尔文学奖获得者托马斯·曼恩说：“语言本身就是一种文明。”但是，言语既可能是文明的，也可能是野蛮的；既可以用来治疗，也可以用来伤害。父母需要富有同情心的语言，一种萦绕着慈爱的语言。他们需要能够传达感情的言语，需要能够改变情绪的回应，需要能够鼓励善意的句子，需要能够导致领悟的答案，需要能够传播尊重的回答。世界在和思想对话，父母更加亲密，当他们学会了人道的、对孩子的需要和感觉敏感的语言时，他们就是在和心说话。这不但能够帮助孩子形成积极的、自信而可靠的自我形象，同时也教育了孩子对待自己的父母要尊重和体贴。

但是，找一种人道的语言来代替我们平常的说话方式，并不是件容易的事。举个例子，布鲁姆先生参加了一个指导小组，这个小组是为那些希望学会用更有效而且更人道的方法跟孩子交流的父母开办的。几次会之后，我们就有了下面这段交谈：

布鲁姆先生：看起来我以前对孩子说的每件事都是错误的。但是，我发现很难改变我教育孩子的方法。

吉诺特博士：改变一个人的态度并学习新的技巧不是那么

容易的。

布鲁姆先生：不仅是这样，而且如果你说的是正确的话，那么我以前对待孩子时，就没有给他们尊重和尊严。怪不得他们不尊重我，不听我的话。

吉诺特博士：你是不是因为你没有了解更好的方法而责备自己？

布鲁姆先生：我想你说的对，我在责怪自己的同时，也怪我的孩子，而不是改变谈话的方式。好了，现在我知道该怎么做了。我必须不再责备孩子，试试看你建议的人道的语言是不是真的有效。

当父母努力带着关心回应孩子时，回报是丰厚的，孩子听到了差别，学会了用同样的方式跟父母说话。

布鲁姆先生带着他九岁的女儿黛比去他工作的地方，那天，他的办公室正在油漆。他讲述了下面一段谈话：

布鲁姆先生：我受不了油漆和灰尘的气味，所有的东西都乱七八糟的。

黛比：你不得不这样工作，真是太可怕了，太乱了。

布鲁姆先生：是的。

黛比：你喜欢我对你说的话吗？

布鲁姆先生：我喜欢，我对自己说："黛比理解我的感受。"

黛比：我注意到，最近你就是这么跟我说话的。

不过，需要提醒父母的是，不要期望孩子总是会感激这种新的、关心的交流方式。有时，孩子会坚持让父母解决他们的麻烦，而不是承认他们的感受，正如下面这位母亲讲述的。

十一岁的儿子诺亚抱怨他七岁的弟弟罗恩。

诺亚：我厌恶罗恩的谎话、欺骗，讨厌他来烦我。

妈妈：这一定很让人生气，你在学校里度过了漫长的一天，回到家，迎接你的却是一个把你的生活搞得不愉快的小弟弟。

诺亚：你又来了，我知道我的感受，我不需要你告诉我。

妈妈（平静地、而不是辩解）：如果有人告诉我我的感受，我会觉得他理解我。

诺亚（更生气了）：但是我知道你理解我，我觉得你上吉诺特博士的课上得太认真了，我不喜欢你的改变。

妈妈：我怎么才能帮助你？

诺亚：我希望你多冲罗恩吼几声。

妈妈：但是，我认识到吼叫是不能解决任何问题的。

诺亚：我需要你来解决罗恩带给我的麻烦。

妈妈：我曾试着这么做，但是我不会再那么做了。这是你不喜欢的改变，我已经学会相信你有解决自己的问题的能力。

诺亚：那么罗恩的撒谎呢？我无法忍受。

妈妈：就在昨天晚上，你爸爸告诉我，他正为罗恩的谎话而头疼，他的儿子诺亚使他平静了下来，提醒他这只是一个阶段，你能想象一个十一岁的男孩帮助他的爸爸平静地对待一个孩子的不良行为吗？

诺亚：我想我确实帮了他，可能我也能帮助自己。

在受到孩子攻击时，不要回到对待孩子的老路上去，这需要技巧。上面这位妈妈没有让诺亚牵着她的情绪走，也没有减弱她继续练习所学方法的决心。因为当她承认儿子的困境时，她觉得是关心的和安慰的，因此她没有试着证明自己正确，也没有答应儿子的要求去帮他解决问题，而是帮他建立起对自己解决问题的能力的信心，从而帮助他成长。

纪律：对感受要宽容，对行为要严格

父母们想知道这本书里涉及到纪律所提倡的方法是严格的还是宽容的。对待孩子的不良行为要严格，但是，对所有的感受、愿望、欲望和幻想，应该宽容对待，不管它们是积极的、消极的、还是矛盾的。像我们所有的人一样，孩子无法禁止自己的感受，有时候，他们会感觉到贪婪、色欲、自责、愤怒、害怕、悲伤、欢乐和恶心。尽管他们无法选择他们的情感，但是他们有责任选择如何、何时表达这些情感。

无法接受的行为并不是无法容忍的。试图强迫孩子改变无法让人接受的行为，结果是令人失望的。但是，依然有许多父母问自己无效的问题：怎么才能让马克做家务呢？怎么才能迫使弗雷德专心做作业呢？怎么才能让格雷斯打扫她的房间呢？怎么才能说服康妮在外面待的时间不要晚于她规定的时间呢？怎么才能使伊万的日常表现正常呢？

父母需要知道唠叨和强迫是没有用的。强制性的方法只能导致怨恨和抵触，外部压力只会带来违抗和不从。父母不应该把他们的意志强加在孩子头上，应该理解孩子的观点，帮助他们专注于解决麻烦，这样，父母才更有可能影响孩子。

举个例子："弗雷德，你的老师告诉我们你没有做家庭作业，能告诉我们出了什么问题吗？有什么我们能帮忙的吗？"

不管十一岁的弗雷德怎么回答，父母已经开启了一个对话，将会找到难题的源头，这样，就可以帮助弗雷德承担起做家庭作业的责任。

孩子需要一个清晰的界限：什么行为是可以接受的，什么行为是不可以接受的。没有父母的帮助，他们很难不依照他们的冲动和欲望行事。当他们知道被允许的行为的清晰的界限时，他们会觉得更加放心。

对父母来说，定规矩和作出约束、限制要比强迫执行这些规矩和限制容易得多。当孩子向这些规矩、限制挑战时，父母应该学会灵活处理。父母希望孩子开心，当父母不允许孩子违反规则时，孩子可能会使父母觉得不再被爱了，会觉得内疚。

“今天晚上不许再看电视了。”当十二岁的儿子的电视节目结束后，一位父亲说道。史蒂文很生气，喊道：“你真小气！如果你爱我，你会让我看我最喜欢的节目，它马上就要放了。”父亲想要让步，对他来说，很难拒绝这样的请求。但是他决定不能有这个先例，他强制执行了他的规定。

因为有很多规定很难强制执行，所以父母可能希望把他们的规定按优先次序排列，并且希望这些规定越少越好。

关心而有效地对待孩子是可能的

运用下面理解式的交流原则可以帮助父母在处理孩子的事情时，既能表现出关心，又能产生很好的效果。

1. 智慧的起点是聆听。聆听具有移情作用，能让父母听到语言想要表达的情感，听到孩子的感受和体验，听到他们的观点，这样才能明白他们谈话中的本质。

父母需要开明的思想和豁达的心胸，这样才能倾听到所有的事实，不管它们是让人高兴的还是让人讨厌的。但是，许多父母害怕倾听，因为他们可能不喜欢他们听到的事情。除非父母创造出一个可信赖的氛围，鼓励孩子说出自己的想法，哪怕是烦扰人的情绪、观点、抱怨和想法，否则，孩子不会说实话，他们只会说父母想听到的话。

父母如何创造可信赖的氛围呢？在于他们如何对待令人不愉快的事实。父母说下面的话是没有帮助的：

"多么疯狂的想法"（驳回）

"你知道你并不恨我"（否认）

"你做事总是半吊子"（批评）

"你怎么觉得自己这么厉害呢？"（羞辱）

"我不想再听你说一个字！"（生气）

相反，我们要承认："哦，我明白了，谢谢你告诉我你的强烈感受，所以，这就是你深思熟虑的想法，谢谢你让我知道。"承认并不代表同意，这只是打开对话之门的一个表示尊重的方式，表示你认真对待孩子的话。

2. 不要否认孩子的体会，不要驳斥他的感觉，不要否定他的愿望，不要嘲笑他的品味，不要贬低他的主张，不要污蔑他的人格，不要怀疑他的经历。相反，所有这些，我们都要承认。

在一个游泳池里，八岁的罗伯特拒绝跳入水中："水太凉了。"他哭着说，"我觉得不是很舒服。"他的父亲回答说："水温正好，你觉得冷是因为你全身都湿了，水池里的水是加热过的，但是你没有勇气。你胆小得像个兔子，哭起来像个婴儿。你声音很大，但是性格软弱。”

罗伯特父亲的话否认了孩子的看法，不同意他的经验，驳斥了他的感受，贬低了他的人格。

有帮助的回答应该是承认孩子的感觉：“你不舒服，水好像有点凉。你希望今天不用下水。”这样的回答会减少孩子的抵触心理，孩子会觉得自己被接受、被尊重，他的话被认真对待了，他没有受到责备。

十岁的玛丽向她的妈妈抱怨：“汤太咸了。”她的妈妈自然而然地否认了她的看法，回答说：“不，不咸，我几乎没放什么盐。”如果这位妈妈学会承认女儿的看法，她会这么回答：“哦，对你来说太咸了！”承认并不意味着同意，它只是表达出对孩子意见的尊重，在这个例子中，就是尊重孩子的口味。

3. 不要批评孩子，而是要引导他们。要说出麻烦所在，并且提出可能的解决办法。不要说任何否定孩子的话。一位妈妈注意到她女儿从图书馆借的书已经过了归还日期了，她很烦，批评的话脱口而出：“你真没有责任心，你总是拖拖拉拉，不记得事情。为什么你不把书按时归还到图书馆？”如果要引导孩子，这位妈妈应该这么说：“书应该归还图书馆了，已经到期了。”

4. 当你生气的时候，说出你看到的事情、你的感觉、你的期望，用人称代词“我”开头：“我生气了，我不高兴，我很生气，我很愤怒，我很吃惊”等等。不要抨击孩子。当比利的父亲看到四岁的儿子朝朋友扔石头时，他没有用这样的话辱骂、责备孩子：“你疯了吗？你会把你朋友弄瘸的。那就是你想要的吗？你是一个野蛮的孩子。”比利的父亲没有说这些，而是大声地说：“我很生气，很吃惊，我们不朝人扔石头，人不是用来伤害的。”

5. 赞扬孩子的时候，如果你想告诉孩子你赞赏他们或者他们的努力，那么要说出具体的事情，不要评价性格特点。贝蒂十二岁，帮助妈妈收拾厨房的橱柜，她的妈妈避免了使用评价性的形容词：“你干得很好，你是一只辛勤的小蜜蜂，你会成为一个很棒的主妇。”贝蒂的妈妈没有说这些话，而是描述了贝蒂完成的工作：“盘子和杯子现在都摆放整齐了，我找东西就容易了，活很多，不过你完成了，谢谢你。”妈妈赞誉的话让贝蒂自己得出推论：“妈妈喜欢我做的事，我是一个优秀的劳动者。”

6. 学会伤害性较小的拒绝方式，在孩子的幻想中同意你现实中无法同意的事情。孩子很难分辨需要和想要之间的区别。在他们看来，任何他们要求的东西都是他们需要的：“我能有一辆新自行车吗？我真的需要。”在玩具商店里：“我想要这辆卡车，请给我买。”父母该如何回答？可能是草率地就拒绝了：“不，你知道我们买不起。”承认孩子的愿望，表达一下你对孩子欲望的理解，这样至少会对孩子的伤害小一点：“噢，我多么希望我们能给你买一辆新的自行车，我知道骑着它在城里转，去上学，你会多么高兴。它会让你的生活方便很多。现在，我们的预算无法为你买，我去跟你父亲谈谈，看圣诞节我们能给你买什么。”或者可以这么说：“我真希望有钱给你买。”不要说：“你看到什么东西都想要，不行，不能给你买，所以，别再要了。”

十七岁的伊丽莎白问她的妈妈：“我要戴你的钻石耳环去参加舞会，可以给我戴吗?”她的妈妈很生气，回答说：“绝对不行！你知道我不让任何人戴我的钻石耳环，如果你弄丢了怎么办?”伤害较小的回答方式应该是承认孩子的愿望：“我真希望我有另外一对钻石耳环可以给你。我的首饰盒里还有什么其他东西你喜欢的吗?”

拒绝孩子的要求，对父母来说很困难。他们想要满足孩子的欲望，希望看到孩子开心。因此当孩子提出他们无法满足的要求，或者提出他们不得不拒绝的苛刻要求时，父母会有受挫感，因而感到生气。承认孩子的愿望，而不生气，会给孩子提供表达他们想法的机会。

7. 在影响孩子生活的事情上，给孩子选择的机会、说话的机会。孩子依靠他们的父母，而依赖是敌意的温床。要想减少敌意，父母应该给孩子提供体验独立的机会。孩子越自主，敌意就越少；孩子越自立，对父母的不满就越少。

即使是很小的孩子，也可以问他：“你的面包上是要果酱还是黄油?”或者告诉他：“就寝时间是七点到八点，你自己决定什么时候累了，什么时候该睡觉了。”给予选择权对孩子来说有什么重要的作用?她可能会对自己说：“妈妈考虑了我的愿望，对于我自己的生活我有说话的权利，我是一个人，我很重要。”

我收到下面这样一封来信，是回应我在报纸专栏里对给予孩子选择权的讨论的：

您在您的一篇专栏里提醒我们，即使是很小的孩子也需要能够做出某些选择。这正是我想特别感谢你的地方，换句话说，这对于年老的人也是一样正确的，年老的人会跟小孩子一样，再次变得无助。

我跟我八十岁的父亲在一起，他患了癌症，已不久于人世。他因为如此依赖别人而感到沮丧，看着他的失望，你的话又响亮地、清晰地回响在我耳边。无法控制自己的生活是一件多么可怕的事情。我想，如果他能够作出一些正确的选择，可能会减少他的受挫感。有很多事情他可以自己作选择，例如，他需不需要我扶他进卫生间（在有些场合并不需要虚心，但是应该由他决定什么时候去）？他希望我跟他说说话，还是宁愿我静静地坐着？他想吃午饭了吗？他希望他的孙子来看望他吗？

有一些只是简单的事情，但是都是我认为应该由他作出选择的事，同时我也感觉到，这样做帮助我们之间建立了某种和谐、融洽的关系。我也希望，我能帮助他稍微减轻不幸的死亡带来的负担，而不仅是疼痛。

后　记

本书中提供的方法，只有当运用恰当的时候，才能使养育的任务变得轻松。孩子对要求的回应千差万别，有些孩子很顺从，他们很容易接受常规和关系的改变。而有些孩子要固执得多，只有在刺激之下才会被迫地接受改变。还有些孩子积极地抵制生活中一切“新的安排”。聪明地运用这本书里提倡的方法就不会忽略孩子的脾气和人格中的基本要点。

只有当培养孩子的方法中浸透着尊重和理解时，孩子才会茁壮成长。这种方法在对父母和孩子关系的考验中，可以加深感觉的灵敏度，对孩子的要求作出更好的回应。

一对年轻的夫妇在迷宫似的加利福尼亚高速公路上迷了路。“我们迷路了。”他们在收费处对警官说。

“你们知道你们现在在哪儿吗？”他问。

“知道，”他们回答道，“收费处上写了。”

“你们知道你们要去哪儿吗？”警官继续问。

“知道。”年轻的夫妇异口同声地回答说。

“那么你们就没有迷路。”警官得出结论说，“你们只是需要明确的方向。”

在抚养孩子的过程中，明确的方向也可以帮助父母达到他们的目标。但是，除此之外，他们还需要运气和技巧。有人可能会问：“有了运气，为什么还需要技巧？”这是为了不要糟蹋了运气。

附录：

哪些孩子需要心理治疗

即使是心理正常的孩子，对于充满压力的情形或者内心的冲突也会在情绪上作出烦躁不安的反应。他们可能会害怕并做恶梦、咬指甲、欺负兄弟姐妹，可能会因过度紧张而抽搐、大发脾气，做出许多让人烦恼的其他事情。这些孩子能从儿童心理治疗中获益。

心灵创伤。经历了突然灾难的孩子可能会形成创伤后应激障碍。当孩子目睹了火灾、车祸或者恐怖袭击时，他们可能表现出过度的焦虑，显示出明显的症状。心爱的人的去世特别具有破坏性。

2001 年 9 月 11 日，恐怖分子利用飞机作为武器袭击美国，摧毁了纽约市中心的世贸双塔，成年人和孩子们都受到了严重的心理创伤。许多孩子失去了爸爸或妈妈，有的甚至失去了双亲。幸存下来的、悲伤的父母或者亲戚就要妥善对待失去了亲人的、极其忧伤的孩子。

在电视上或者远距离内目睹燃烧的世贸双塔，对孩子和大人来说，也是一种心理伤害，但是对那些亲身经历的孩子或者从大火中逃出来的父母来说，这种心理上的冲击更加严重。《纽约时报》发布的一项研究表明，孩子离灾难现场越近，反应出的创伤程度越深。

经受过心理创伤的小孩子很少会再提起所经历的事。他们的恐惧和紧张会在游戏中表现出来。儿童心理疗法提供适当的场合、合适的材料，并由富于同情心的大人在孩子最需要的时候提供帮助。治疗专家使孩子们通过游戏和话语重新体验那次可怕的事件，这样，孩子就可能会充分理解并克服自己的惊慌和不安。他们用砖头搭起房子，然后往房子上投放“炸弹”，警报长鸣，大火肆虐，救护车运送伤员和死者。几个星期之后，孩子们不再感到震惊和恐怖。只有通过这样象征性的事件重现，孩子们才能够谈论他们的感受和记忆，不再害怕、不再焦虑。在新近发生灾难之后，如果孩子在一个善解人意的大人面前，可以用玩具再现、用语言讲述那次可怕的事件和记忆，由此次灾难造成的焦虑和可怕的记忆就可以消除。在许多专业志愿者的帮助下，纽约市为那些需要帮助的人提供了心理援助。

害怕的孩子。就像火腿和鸡蛋相伴一样，害怕总是会伴随着小孩子。三岁的孩子很可能最怕狗，四岁的孩子最怕黑暗。这种恐惧会随着年龄的增长逐渐减弱，在八岁时就会完全消失。据报道，还有许多孩子害怕消防车、警报声、地震、绑架、开快车、蛇以及身处高处。自 9・11 之后，最大的恐惧就是恐怖袭击。有些孩子会表现出轻微的担忧，但是如果有父母在事故现场，孩子们就无法摆脱这种情形。有些孩子的不安会更严重，他们需要在晚上亮着灯，或者当消防车经过或有人提到入室行窃时，表现得非常紧张。

那些有着持续的、强烈的恐惧感的孩子能够从专业的帮助中获益。他们的反应的强烈程度提供了线索。他们对自己的焦虑无能为力：天空可能会塌下来，闪电可能会击中自家的房子，整个家可能会被飓风卷走。他们对感到恐惧的事物和人的想像无穷无尽：嘈杂的噪音、高处、陌生人、流动的水、黑暗的角落、小昆虫、大的动物等等。他们试图通过避免去那些好像会对他们造成威胁的地方、避免参予似乎有危险的活动来逃避这种焦虑。这样，他们可能会远离水，避免爬梯子，或者拒绝待在黑暗的房间里。

在小组心理治疗中，害怕的孩子最好参加一些要求他们应付自己的恐惧的活动。他们可以玩玩具枪，用手指画画，用泥浆涂抹全身，或者关灯。这种小组疗法使感到恐惧的孩子无法再逃避自己的问题。于是，治疗专家就可以处理孩子们所出现的害怕的反应。通过游戏表现并通过言语说出自己的恐惧，能减少并最终克服孩子们的焦虑。

过分紧张的兄弟姐妹之间的竞争。那些在其个性和整个的生活中都充满了对兄弟姐妹的妒忌的孩子需要心理上的帮助。他们从身体上虐待、从言辞上辱骂自己的兄弟姐妹。如果他们的兄弟姐妹是父母特别喜欢的孩子，那么他们就会寻求排他性的关注，尽一切可能成为老师、童子军领导或者营地的辅导员最喜欢的孩子。在竞争心理的驱使下，他们有一种超越所有人的迫切的需要，无法很好地面对失败。如果青少年的这种妒忌心理在儿童时代没有消除的话，那么在其一生中跟别人相处时，就会把其他人看作好象是其兄弟姐妹的替代品。他们也可能会不断地、有意识地使其兄弟姐妹的生活很痛苦。

对孩子来说，妒忌兄弟姐妹是很正常的，但是不像那些需要帮助的孩子，正常的妒忌并不是一种蔓延的模式。正常的孩子可能会觉得兄弟姐妹获得了更多的爱，他们可能会为了得到关爱与兄弟姐妹竞争。但是，当获得爱之后，他们很容易就安心了。他们也可能喜欢竞争和超越，但是他们为了享受玩耍带来的快乐也会与兄弟姐妹在一起玩游戏。而且，他们面对失败时，并没有太多痛苦或压力。

对性过分强烈的兴趣。有些孩子明显地早熟，并且持续关注性问题。他们会梦到性，想着性，谈论性。他们在私下里或公共场所习惯性地手淫，试图和其他孩子，包括兄弟姐妹进行性方面的探索。他们会偷窥，试图"抓到"父母做爱。他们太多、太早地想念性。这些孩子需要心理上的帮助。

大多数孩子对性问题表现出一种正常的兴趣。他们可能会戏弄异性，对着男朋友或者女朋友咯咯地笑。他们也可能愉快地意识到自己的性欲，他们可能会触摸自己，有时会手淫。然而，性行为只是他们生活的一部分。

过度谦卑的孩子。这些孩子不穿衣服时被人看到会惊慌失措。他们对自己的身体显得很不自然，他们在体育课上会很不自在，在体检时会有受辱的感觉。他们通过专业帮助可以受益。

其他孩子在体检或上体育课时可能也不喜欢脱衣服，他们可能会大惊小怪，会抗议，但他们不会惊慌。

极度好斗的孩子。敌意很重的孩子需要专业帮助。敌意的含义必须要充分评估和理解。由于敌意可能有很多根源，因此在每个具体的事例中找到好斗的原因是必需的，这样才能对症下药。

我们偶然会遇到一些孩子，言语无法削弱他们的好斗性，但他们的破坏性并没有伴随着实际的过错。在这些孩子当中，有些会非常残忍，但没有明显的不安或者懊悔。他们似乎缺乏同情的能力，丝毫不关心别人的利益。责难和批评对他们几乎不起作用，好像他们对别人的看法漠不关心，即使惩罚也无法促使他们改正。他们害怕成年人，不相信成年人的友好，拒绝成年人的喜爱。跟这样的孩子建立关系不是一件简单的事情。对于有这种历史的孩子来说，当治疗专家能够获得他们的信任，和他们在相互尊重的基础上建立一种关系时，他们才能从治疗中受益。

对孩子来说，有时会做出好斗、破坏性的行为，这并非不正常，大多数此类行为是因为好奇和超乎寻常的精力，有些是因为受挫和怨恨。好斗的行为可能发生在家里，在外面却不会，或者反之亦然，在学校好斗，在家里却不。孩子可能会出于好奇或者愤怒而毁坏自己的玩具，但对别人的财物会很小心。

习惯性偷窃。不断的偷窃是一个严重的问题。有些孩子只要有机会就会作出一些小偷小摸的事情。他们可能会在家里、学校、营地、超市或者邻居家里偷窃。那些有长期偷窃历史的孩子能够受益于小组心理治疗。这些孩子当中，有些孩子通常年龄较大，他们偷窃是为了买毒品。对于这些孩子，有必要送到戒毒中心。

只在家里偷窃的孩子不属于这一类。不在家里的时候，他们可能偶尔会有一些轻微的偷窃行为，他们可能会拿水果、糖果或者没有归还“借的”或者“找到的”东西。不过，这种行为通常是暂时的，当他们长大之后，这些孩子会意识到并尊重财产权。

好得不真实的孩子。有些孩子太好了，以至于不真实。他们顺从、有条理、整洁。他们担心妈妈的健康，关心爸爸的生意，渴望照顾小妹妹。他们全部的生活似乎都是为了取悦父母。他们没有多余的精力跟同龄的孩子玩耍。

在学校里，在邻里之间，这样的孩子可能会继续他们这种伪善的行为。他们会很温顺，很和善，把时间和精力花在讨好他们害怕的老师上。他们可能会恭维老师，或者自愿擦黑板。在伪善的面具下，许多不好的冲动被隐藏起来。把有敌意的冲动转化为天使般的行为的努力、保持正面形象的持久警惕消耗了这些孩子的生活精力。读到这样的事情并非不寻常：一个孩子犯下了严重的罪行，但邻居们却都说他是一个多么温顺、安静和乐于助人的孩子。

小组心理治疗提供一套有效的措施纠正这种好得过分的行为。这套措施包括更加直接地处理自己的攻击性冲动的孩子，鼓励那些伪善的孩子放弃奴性的顺从，并且使其具有正常的自信。通过观察和体验，他们会认识到没有必要讨好别人，没有必要谦卑。他们慢慢地开始允许自己的攻击性冲动得到某种表达。他们开始发现自己想要的东西，了解自己的感受，并建立起自己的个性。

不成熟的孩子。这些孩子像婴儿一样被宠爱着，而不是正在成长中的、有自己的想法和需要的个体。这些受到过分保护的孩子对家庭庇护之外的生活现实没有作好准备。他们很少有机会去完全了解他人的需要和感受，他们发现容忍挫折是很困难的。他们不是竭尽自己的努力，而是想要别人关心、照顾他们。

谨慎挑选的心理治疗小组对这些不成熟的孩子特别有用。小组提供成长的激励和支持，又是一个尝试新行为模式的安全舞台。在小组里，孩子认识到自己行为的哪些方面在社交中是不被接受的，哪些行为是被期待的。结果，他们会努力调整，以适应同龄人的标准。在小组里，他们能学会许多基本的社交技巧，例如和其他人分享资料，一起活动，共享一个友好的成年人的关心。他们学会了竞争，也学会了合作；学会了打架，也学会了如何解决打架；学会了讲条件，也学会了妥协。这些技巧使这些孩子作好准备，使他们平等地对待别人。

性格内向的孩子。这些孩子可以被描述为畏缩、顺从、羞怯、谦恭。他们在表达普通的喜爱和挑衅的情绪时有困难，他们几乎没有什么朋友，避免群体的比赛和游戏。他们在与人打交道时很难放松，会避免和陌生人见面。他们希望别人首先作出友好的表示，但是，即使这样，他们可能也不会友好地回应。

性格内向的孩子很难和在学校的老师或者在操场的同学打交道，当他们被叫到朗读课文或者回答问题时，他们会很苦恼，他们可能会回答“是”或“不是”，或者根本一句话也不说。他们玩耍的时候会选择一项安静、安全、不需要社交谈话的活动。当不得不进行交际时，他们的不安可能演变成惊慌。

性格内向的孩子可以从小组心理治疗中获得帮助。友好的成年人、吸引人的材料、经过挑选的小组成员，这一切使他们很难待在自己的壳里面。这套措施能帮助他们很快从孤僻中走出来，鼓励他们不受拘束地和其他孩子玩耍、聊天。

抽搐和怪癖。有些孩子表现出顽固的怪癖，让父母非常烦恼。他们斜视，以鼻吸气，扮鬼脸，抽搐，挖鼻孔，擦眼睛，清喉咙，耸肩，咬指甲，吮吸大拇指，把指关节弄得噼啪作响或者踏脚等等。这些扭曲和怪癖可能是如此明显和奇怪，以至于他们注定会惹人注意。他们手指的外形被损毁了，总是潮乎乎的，或者咬掉指甲，直到指甲之下。鼻子、喉咙、指关节、脚这些部位发出的不和谐的声音不会不引起注意。这些孩子需要心理咨询和医疗关注以决定进行合适的治疗。

有时候，疲劳、困乏、出神的孩子，或者是在某种情感压力下的孩子，也可能会表现出许多怪癖和抽搐的行为。然而，这些表现不是持久的，最后会消失。

[美] 海姆・G・吉诺特　著
张雪兰　译
北京联合出版公司
定价：26.00 元

《孩子，把你的手给我（Ⅱ）》

与十几岁孩子实现真正有效沟通的方法

《孩子，把你的手给我》作者的又一部巨著
彻底改变父母与十几岁孩子的沟通方式

本书是海姆・G・吉诺特博士的又一部经典著作，连续高踞《纽约时报》畅销书排行榜 25 周，并被翻译成 31 种语言畅销全球，是父母与十几岁孩子实现真正有效沟通的圣经。

十几岁是一个骚动而混乱、充满压力和风暴的时期，孩子注定会反抗权威和习俗——父母的帮助会被怨恨，指导会被拒绝，关注会被当做攻击。海姆・G・吉诺特博士就如何对十几岁的孩子提供帮助、指导、与孩子沟通提供了详细、有效、具体、可行的方法。

[美] 海姆・G・吉诺特　著
张雪兰　译
北京联合出版公司
定价：35.00 元

《孩子，把你的手给我（Ⅲ）》

老师与学生实现真正有效沟通的方法

《孩子，把你的手给我》作者最后一部经典巨著
以 31 种语言畅销全球
彻底改变老师与学生的沟通方式
美国父母和教师协会推荐读物

本书是海姆・G・吉诺特博士的最后一部经典著作，彻底改变了老师与学生的沟通方式，是美国父母和教师协会推荐给全美教师和父母的读物。

老师如何与学生沟通，具有决定性的重要意义。老师们需要具体的技巧，以便有效而人性化地处理教学中随时都会出现的事情——令人烦恼的小事、日常的冲突和突然的危机。在出现问题时，理论是没有用的，有用的只有技巧，如何获得这些技巧来改善教学状况和课堂生活就是本书的主要内容。

书中所讲述的沟通技巧，不仅适用于老师与学生、家长与孩子之间的交流，而且也可以灵活运用于所有的人际交往中，是一种普遍适用的沟通技巧。

[美] 简 · 尼尔森　著
玉冰　译
北京联合出版公司
定价：38.00 元

《正面管教》

如何不惩罚、不娇纵地有效管教孩子

畅销美国 400 多万册　被翻译为 16 种语言畅销全球

自 1981 年本书第一版出版以来，《正面管教》已经成为管教孩子的“黄金准则”。正面管教是一种既不惩罚也不娇纵的管教方法……孩子只有在一种和善而坚定的气氛中，才能培养出自律、责任感、合作以及自己解决问题的能力，才能学会使他们受益终生的社会技能和人生技能，才能取得良好的学业成绩……如何运用正面管教方法使孩子获得这种能力，就是这本书的主要内容。

简 · 尼尔森，教育学博士，杰出的心理学家、教育家，加利福尼亚婚姻和家庭执业心理治疗师，美国“正面管教协会”的创始人。曾经担任过 10 年的有关儿童发展的小学、大学心理咨询教师，是众多育儿及养育杂志的顾问。

本书根据英文原版的第三次修订版翻译，该版首印数为 70 多万册。

家庭教育畅销书《正面管教》作者力作
POSITIVE DISCIPLINE
正面管教
养育工具

[美] 简 · 尼尔森
玛丽 · 尼尔森 · 坦博斯基
布拉德 · 安吉　著
花莹莹 杨淼 张丛林 林展　译
北京联合出版公司出版
定价：42.00 元

《正面管教养育工具》

赋予孩子力量、培养孩子能力的 49 种有效方法

家庭教育畅销书《正面管教》作者力作
不惩罚、不娇纵养育孩子的有效工具

正面管教是一种不惩罚、不娇纵的管教孩子的方式，是为了培养孩子们的自律、责任感、合作能力，以及自己解决问题的能力，让他们学会受益终生的社会技能和人生技能，并取得良好的学业成绩。

1981 年，简 · 尼尔森博士出版《正面管教》一书，使正面管教的理念逐渐为越来越多的人接受并奉行。如今，正面管教已经成了管教孩子的“黄金准则”。其理念和方法已经传播到将近 70 个国家和地区，包括美国、英国、冰岛、荷兰、德国、瑞士、法国、摩洛哥、西班牙、墨西哥、厄瓜多尔、哥伦比亚、秘鲁、智利、巴西、加拿大、中国、埃及、韩国。由简 · 尼尔森博士作为创始人的“正面管教协会”，如今已经有了法国分会和中国分会。

本书对经过多年实际检验的 49 个最有效的正面管教养育工具作了详细介绍。

[美]简·尼尔森 琳·洛特
斯蒂芬·格伦　著
花莹莹　译
北京联合出版公司
定价：45.00 元

《正面管教 A–Z》

日常养育难题的 1001 个解决方案

家庭教育畅销书《正面管教》作者力作
以实例讲解不惩罚、不娇纵管教孩子的"黄金准则"

无论你多么爱自己的孩子，在日常养育中，都会有一些让你愤怒、沮丧的时刻，也会有让你绝望的时候。

你是怎么做的？

本书译自英文原版的第 3 版（2007 年出版），包括了最新的信息。你会从中找到不惩罚、不娇纵地解决各种日常养育挑战的实用办法。主题目录，按照 A–Z 的汉语拼音顺序排列，方便查找。你可以迅速找到自己面临的问题，挑出来阅读；也可以通读整本书，为将来可能遇到的问题及其预防做好准备。每个养育难题，都包括 6 步详细的指导：理解你的孩子、你自己和情形，建议，预防问题的出现，孩子们能够学到的生活技能，养育要点，开阔思路。

[美]简·尼尔森
谢丽尔·欧文
罗丝琳·安·达菲　著
花莹莹　译
北京联合出版公司
定价：42.00 元

《0 ～ 3 岁孩子的正面管教》

养育 0 ～ 3 岁孩子的"黄金准则"

家庭教育畅销书《正面管教》作者力作

从出生到 3 岁，是对孩子的一生具有极其重要影响的 3 年，是孩子的身体、大脑、情感发育和发展的一个至关重要的阶段，也是会让父母们感到疑惑、劳神费力、充满挑战，甚至艰难的一段时期。

正面管教是一种有效而充满关爱、支持的养育方式，自 1981 年问世以来，已经成为了养育孩子的"黄金准则"，其理论、理念和方法在全世界各地都被越来越多的父母和老师们接受，受到了越来越多父母和老师们的欢迎。

本书全面、详细地介绍了 0 ～ 3 岁孩子的身体、大脑、情感发育和发展的特点，以及如何将正面管教的理念和工具应用于 0 ～ 3 岁孩子的养育中。它将给你提供一种有效而充满关爱、支持的方式，指导你和孩子一起度过这忙碌而令人兴奋的三年。

无论你是一位父母、幼儿园老师，还是一位照料孩子的人，本书都会使你和孩子受益终生。

[美]简·尼尔森
谢丽尔·欧文
罗丝琳·安·达菲　著
娟子　译
北京联合出版公司
定价：42.00 元

《3 ~ 6 岁孩子的正面管教》

养育 3 ~ 6 岁孩子的“黄金准则”

家庭教育畅销书《正面管教》作者力作

3 ~ 6 岁的孩子是迷人、可爱的小人儿。他们能分享想法、显示出好奇心、运用崭露头角的幽默感、建立自己的人际关系，并向他们身边的人敞开喜爱和快乐的怀抱。他们还会固执、违抗、令人困惑并让人毫无办法。

正面管教会教给你提供有效而关爱的方式，来指导你的孩子度过这忙碌并且充满挑战的几年。

无论你是一位父母、一位老师或一位照料孩子的人，你都能从本书中发现那些你能真正运用，并且能帮助你给予孩子最好的人生起点的理念和技巧。

[美]简·尼尔森
琳·洛特　著
尹莉莉　译
北京联合出版公司出版
定价：35.00 元

《十几岁孩子的正面管教》

教给十几岁的孩子人生技能

家庭教育畅销书《正面管教》作者力作
养育十几岁孩子的“黄金准则”

度过十几岁的阶段，对你和你的青春期的孩子来说，可能会像经过一个“战区”。青春期是成长中的一个重要过程。在这个阶段，十几岁的孩子会努力探究自己是谁，并要独立于父母。你的责任，是让自己十几岁的孩子为人生做好准备。

问题是，大多数父母在这个阶段对孩子采用的养育方法，使得情况不是更好，而是更糟了……

本书将帮助你在一种肯定你自己的价值、肯定孩子价值的相互尊重的环境中，教育、支持你的十几岁的孩子，并接受这个过程中的挑战，帮助你的十几岁孩子最大限度地成为具有高度适应能力的成年人。

[美] 简·尼尔森　谢丽尔·欧文
卡萝尔·德尔泽尔　著
杨淼 张丛林　林展　译
北京联合出版公司出版
定价：37.00 元

《单亲家庭的正面管教》

让单亲家庭的孩子健康、快乐、茁壮成长

家庭教育畅销书《正面管教》作者力作
单亲父母养育孩子的“黄金准则”

单亲家庭不是“破碎的家庭”，单亲家庭的孩子也不是注定会失败和令人失望的，有了努力、爱和正面管教养育技能，单亲父母们就能够把自己的孩子培养成有能力的、满足的、成功的人，让单亲家庭成为平静、安全、充满爱的家，而单亲父母自己也会成为一位更健康、平静的父母——以及一个更快乐的人。

《单亲家庭的正面管教》是家庭教育畅销书《正面管教》作者简·尼尔森的又一力作。自从《正面管教》于 1981 年出版以来，正面管教理念已经成为养育孩子的“黄金准则”，让全球数以百万计的父母、孩子、老师获益。

《单亲家庭的正面管教》是简·尼尔森博士与另外两位作者详细介绍如何将正面管教的理念和工具用于单亲家庭的一部杰作。

[美] 简·尼尔森　史蒂文·福斯特
艾琳·拉斐尔　著
甄颖　译
北京联合出版公司
定价：32.00 元

《特殊需求孩子的正面管教》

帮助孩子学会有价值的社会和人生技能

家庭教育畅销书《正面管教》作者力作

每一个孩子都应该有一个幸福而充实的人生。特殊需求的孩子们有能力积极成长和改变。

运用正面管教的理念和工具，特殊需求的孩子们就能够培养出一种越来越强的能力，为自己的人生承担起责任。在这个过程中，他们会与自己的家里、学校里和群体里的重要的人建立起深入的、令人满意的、合作的关系，从而实现自己的潜能。

[美]简·尼尔森 琳·洛特
斯蒂芬·格伦 著
梁帅 译
北京联合出版公司出版
定价：30.00 元

《教室里的正面管教》

培养孩子们学习的勇气、激情和人生技能

家庭教育畅销书《正面管教》作者力作
造就理想班级氛围的“黄金准则”
本书入选中国教育新闻网、中国教师报联合推荐
2014 年度“影响教师 100 本书”TOP10

很多人认为学校的目的就是学习功课，而各种纪律规定应该以学生取得优异的学习成绩为目的。因此，老师们普遍实行的是以奖励和惩罚为基础的管教方法，其目的是为了控制学生。然而，研究表明，除非教给孩子们社会和情感技能，否则他们学习起来会很艰难，并且纪律问题会越来越多。

正面管教是一种不同的方式，它把重点放在创建一个相互尊重和支持的班集体，激发学生们的内在动力去追求学业和社会的成功，使教室成为一个培育人、愉悦和快乐的学习和成长的场所。

这是一种经过数十年实践检验，使全世界数以百万计的教师和学生受益的黄金准则。

[美]简·尼尔森
琳达·埃斯科巴
凯特·奥托兰
罗丝琳·安·达菲
黛博拉·欧文-索科奇 著
郑淑丽 译
北京联合出版公司出版
定价：55.00 元

《正面管教教师指南 A-Z》

教室里行为问题的 1001 个解决方案

家庭教育畅销书《正面管教》作者力作
以实例讲解造就理想班级氛围的“黄金准则”

本书包括两个部分：

第一部分，介绍的是正面管教的基本原理和基本方法，包括鼓励、错误目的、奖励和惩罚、和善而坚定、社会责任感、分派班级事务、积极的暂停、特别时光、班会，等等。

第二部分，是教室里常见的各种行为问题及其处理方法，按照 A-Z 的汉语拼音顺序排列，以方便查找。你可以迅速找到自己面临的问题，有针对性地阅读，立即解决自己的难题；也可以通读本书，为将来可能遇到的问题及其预防做好准备。

每个行为问题及其解决，基本都包括 5 个部分：

- 讨论。就一个具体行为问题出现的情形及原因进行讨论。
- 建议。依据正面管教的理论和原则，给出解决问题的建议。
- 提前计划，预防未来的问题。着眼于如何预防问题的发生。
- 用班会解决问题。老师和学生们用班会解决相应问题的真实故事。
- 激发灵感的故事。老师和学生们用正面管教工具解决相关问题的真实故事。

[美] 简·尼尔森
凯莉·格夫洛埃尔
阿伦·巴考尔
比尔·肖尔　著
张宏武　译
北京联合出版公司出版
定价：35.00 元

《正面管教教师工具卡》

教室管理的 52 个工具

家庭教育畅销书《正面管教》作者力作

该套卡片是将《正面管教》在教室里的运用，以卡片的形式呈现出来。在每张卡片上有对相应工具的简要介绍，以及具体的使用办法和相关示例，在卡片后还配有一幅形象而生动的插图。

该套卡片既适合教师单独集中时间学习，也适合与其他教师共同讨论。既可以放置于办公桌上，也可以随身携带，随时使用。它是尼尔森博士为教师量身定制的“工具百宝箱”。

[美] 爱丽森·戴维　著
宋苗　译
北京联合出版公司
定价：26.00 元

《帮助你的孩子爱上阅读》

0~16 岁亲子阅读指导手册

没有阅读的童年是贫乏的——孩子将错过人生中最大的乐趣之一，以及阅读带来的巨大好处。

阅读不但是学习和教育的基础，而且是孩子未来可能取得成功的一个最重要的标志——比父母的教育背景或社会地位重要得多。这也是父母与自己的孩子建立亲情心理联结的一种神奇方式。

帮助你的孩子爱上阅读，是父母能给予自己孩子的一份最伟大的礼物，一份将伴随孩子一生的爱的礼物。

这是一本简单易懂而且非常实用的亲子阅读指导手册。作者根据不同年龄的孩子的发展特征，将 0~16 岁划分为 0~4 岁、5~7 岁、8~11 岁、12~16 岁四个阶段，告诉父母们在各个年龄阶段应该如何培养孩子的阅读习惯，如何让孩子爱上阅读。

[美]默娜·B·舒尔 特里萨·弗伊·迪吉若尼莫 著
张雪兰 译
北京联合出版公司
定价：30.00 元

《如何培养孩子的社会能力》

教孩子学会解决冲突和与人相处的技巧

简单小游戏　成就一生大能力
美国全国畅销书（The National Bestseller）
荣获四项美国国家级大奖的经典之作
美国“家长的选择（Parents'Choice Award)”图书奖

社会能力就是孩子解决冲突和与人相处的能力，人是社会动物，没有社会能力的孩子很难取得成功。舒尔博士提出的“我能解决问题”法，以教给孩子解决冲突和与人相处的思考技巧为核心，在长达 30 多年的时间里，在全美各地以及许多其他国家，让家长和孩子们获益匪浅。与其他的养育办法不同，“我能解决问题”法不是由家长或老师告诉孩子怎么想或者怎么做，而是通过对话、游戏和活动等独特的方式教给孩子自己学会怎样解决问题，如何处理与朋友、老师和家人之间的日常冲突，以及寻找各种解决办法并考虑后果，并且能够理解别人的感受。让孩子学会与人和谐相处，成长为一个社会能力强、充满自信的人。

默娜·B·舒尔博士，儿童发展心理学家，美国亚拉尼大学心理学教授。她为家长和老师们设计的一套“我能解决问题”训练计划，以及她和乔治·斯派维克（George Spivack）一起所做出的开创性研究，荣获了一项美国心理健康协会大奖、三项美国心理学协会大奖。

[美]默娜·B·舒尔 著
刘荣杰 译
北京联合出版公司出版
定价：35.00 元

《如何培养孩子的社会能力（II）》

教 8 ~ 12 岁孩子学会解决冲突和与人相处的技巧

全美畅销书《如何培养孩子的社会能力》作者的又一部力作！
让怯懦、内向的孩子变得勇敢、开朗！
让脾气大、攻击性强的孩子变得平和、可亲！
培养一个快乐、自信、社会适应能力强、情商高的孩子

8 ~ 12 岁，是孩子进入青春期反叛之前的一个重要时期，是孩子身体、行为、情感和社会能力发展的一个重要分水岭。同时，这也是父母的一个极好的契机——教会孩子自己做出正确决定，自己解决与同龄人、老师、父母的冲突，培养一个快乐、自信、社会适应能力强、情商高的孩子——以便孩子把精力更多地集中在学习上，为他们期待而又担心的中学生活做好准备。

本书详细、具体地介绍了将“我能解决问题”法运用于 8 ~ 12 岁孩子的方法和效果。

[美] 伯顿·L·怀特　著
宋苗　译
北京联合出版公司
定价：39.00 元

《从出生到 3 岁》

婴幼儿能力发展与早期教育权威指南

畅销全球数百万册，被翻译成 11 种语言

没有任何问题比人的素质问题更加重要，而一个孩子出生后头 3 年的经历对于其基本人格的形成有着无可替代的影响……本书是唯一一本完全基于对家庭环境中的婴幼儿及其父母的直接研究而写成的，也是惟一一本经过大量实践检验的经典。本书将 0~3 岁分为 7 个阶段，对婴幼儿在每一个阶段的发展特点和父母应该怎样做以及不应该做什么进行了详细的介绍。

本书第一版问世于 1975 年，一经出版，就立即成为了一部经典之作。伯顿·L·怀特基于自己 37 年的观察和研究，在这本详细的指导手册中描述了 0~3 岁婴幼儿在每个月的心理、生理、社会能力和情感发展，为数千万名家长提供了支持和指导。现在，这本经过了全面修订和更新的著作包含了关于养育的最准确的信息与建议。

伯顿·L·怀特，哈佛大学“哈佛学前项目”总负责人，“父母教育中心”（位于美国马萨诸塞州牛顿市）主管，“密苏里‘父母是孩子的老师’项目”的设计人。

[美] 特蕾西·霍格
　　梅林达·布劳　著
北京联合出版公司
定价：42.00 元

《实用程序育儿法》

宝宝耳语专家教你解决宝宝喂养、睡眠、情感、教育难题

《妈妈宝宝》、《年轻妈妈之友》、《父母必读》、“北京汇智源教育”联合推荐

本书倡导从宝宝的角度考虑问题，要观察、尊重宝宝，和宝宝沟通——即使宝宝还不会说话。在本书中，作者集自己近 30 年的经验，详细解释了 0 ~ 3 岁宝宝的喂养、睡眠、情感、教育等各方面问题的有效解决方法。

特蕾西·霍格(Tracy Hogg)世界闻名的实战型育儿专家，被称为“宝宝耳语专家”——她能“听懂”婴儿说话，理解婴儿的感受，看懂婴儿的真正需要。她致力于从婴幼儿的角度考虑问题，在帮助不计其数的新父母和婴幼儿解决问题的过程中，发展了一套独特而有效的育儿和护理方法。

梅林达·布劳，美国《孩子》杂志“新家庭（New Family）专栏”的专栏作家，记者。

[美]约翰·霍特　著
张雪兰　译
北京联合出版公司
定价：30.00 元

《孩子是如何学习的》

畅销美国 200 多万册的教子经典，以 14 种语言畅销全世界

孩子们有一种符合他们自己状况的学习方式，他们对这种方式运用得很自然、很好。这种有效的学习方式会体现在孩子的游戏和试验中，体现在孩子学说话、学阅读、学运动、学绘画、学数学以及其他知识中……对孩子来说，这是他们最有效的学习方式……

约翰·霍特（1923 ~ 1985），是教育领域的作家和重要人物，著有 10 本著作，包括《孩子是如何失败的》、《孩子是如何学习的》、《永远不太晚》、《学而不倦》。他的作品被翻译成 14 种语言。《孩子是如何学习的》以及它的姊妹篇《孩子是如何失败的》销售超过两百万册，影响了整整一代老师和家长。

[美]唐·坎贝尔　著
高慧雯　王玲月　娟子　译
北京联合出版公司出版
定价：32.00 元

《莫扎特效应》

用音乐唤醒孩子的头脑、健康和创造力

从胎儿到 10 岁，用音乐的力量帮助孩子成长！
享誉全球的权威指导，被翻译成 13 种语言！

在本书中，作者全面介绍了音乐对于从胎儿至 10 岁左右儿童的大脑、身体、情感、社会交往等各方面能力的影响。

本书详细介绍了如何用古典音乐，特别是莫扎特的音乐，以及儿歌的节奏和韵律来促进孩子从出生前到童年中期乃至更大年龄阶段的发展，提高他们的各种学习能力、情感能力和社会交往能力。对于孩子在每个年龄段（出生前到出生，从出生到 6 个月，从 6 个月到 18 个月，从 18 个月到 3 岁，从 4 岁到 6 岁，从 6 岁到 8 岁，从 8 岁到 10 岁）的发展适合哪些音乐以及这些音乐的作用都进行了详细的说明。

唐·坎贝尔，古典音乐家、教育家、作家、教师，数十年来致力于研究音乐及其在教育和健康方面的作用，用音乐帮助全世界 30 多个国家的孩子提高了学习能力和创造性，并体验到了音乐给生活带来的快乐。他是该领域闻名全球、首屈一指的权威。

[美]奥黛丽·里克尔
卡洛琳·克劳德 著
张悦 译
北京联合出版公司
定价：20.00元

《孩子顶嘴，父母怎么办？》

简单4步法，终结孩子的顶嘴行为

全美畅销书

顶嘴是一种不尊重人的行为，它会毁掉孩子拥有成功、幸福的一生的机会，会使孩子失去父母、朋友、老师等的尊重。

本书是一本专门针对孩子顶嘴问题的畅销家教经典。作者里克尔博士和克劳德博士以著名心理学家阿尔弗雷德·阿德勒的行为学理论为基础，结合自己在家庭教育领域数十年的心理咨询经验，总结出了一套简单、对各个年龄段孩子都能产生最佳效果，而且不会对孩子造成伤害的“四步法”，可以让家长在消耗最少精力的情况下，轻松终结孩子粗鲁的顶嘴行为，为孩子学会正确地与人交流和交往的方式——不仅仅是和家长，也包括他的朋友、老师和未来的上级——奠定良好的基础。

本书包含大量真实案例，可以让读者在最直观而贴近生活的情境中学习如何使用四步法。

奥黛丽·里克尔博士，美国著名心理学家，既是一名经验丰富的教师，也是一名母亲，终生与孩子打交道。卡洛琳·克劳德博士，管理咨询专家，美国白宫儿童与父母会议主席，全国志愿者中心理事。

[美]安吉拉·克利福德－波斯顿 著
王俊兰 译
北京联合出版公司出版
定价：32.00元

《如何读懂孩子的行为》

理解并解决孩子各种行为问题的方法

孩子为什么不好好吃、不好好睡？为什么尿床、随地大便？为什么说脏话？为什么撒谎、偷东西、欺负人？为什么不学习？……这些行为，都是孩子在以一种特殊的方式与父母沟通。

当孩子遇到问题时，他们的表达方式十分有限，往往用行为作为与大人沟通的一种方式……如何读懂孩子这些看似异常行为背后真实的感受和需求，如何解决孩子的这些问题，以及何时应该寻求专业帮助，就是本书的主要内容。

安吉拉·克利福德－波斯顿（Andrea Clifford-Poston），教育心理治疗师、儿童和家庭心理健康专家，在学校、医院和心理诊所与孩子和父母们打交道30多年；她曾在查林十字医院（Charing Cross Hospital，建立于1818年）的儿童发展中心担任过16年的主任教师，在罗汉普顿学院（Roehampton Institute）担任过多年音乐疗法的客座讲师，她还是《泰晤士报》“父母论坛”的长期客座专家，为众多儿童养育畅销杂志撰写专栏和文章，包括为“幼儿园世界（Nursery World）”撰写了4年专栏。

[美] 琳达・艾尔 理查德・艾尔　著
叶红婷　译
北京联合出版公司出版
定价：25.00 元

《为了孩子一生的幸福和成功》

教给孩子正确的价值观

全美畅销书第 1 名

本书绝对是一个智慧宝库，是当今的父母们极其需要的。而且，作者的方法真的管用。

——《高效能人士的 7 个习惯》作者
史蒂芬・柯维

价值观是人生的基石，是成功的前提。一个没有良好价值观的人，成功的概率一定是零。

本书详细介绍了将 12 种价值观教给从学龄前儿童到青春期孩子的方法。

张伟　徐宏江　著
京华出版社出版
定价：24.00 元

《4 年级决定孩子的一生》

（修订版）

我国著名诗人艾青说过：人的一生很漫长，但最关键的却只有那么几步……小学 4 年级就是孩子成长中最关键几步中的一步。

孩子的生长和发育存在若干关键时期，4 年级就是一个重要的时期。4 年级是培养学习能力和情感能力的重要时期，是养成良好的学习习惯和改变不良习惯的最后关键时机。4 年级是培养孩子学习恒心的关键时期。4 年级是小学低年级向高年级的过渡期，孩子开始从被动的学习主体向主动的学习主体转变，学校教育的内容和方式发生的一些明显变化、孩子自身心理和能力的发展都会表现为比较明显的学习分化现象，有些孩子甚至开始出现学习偏科的端倪。

孩子的成长要求父母对孩子教育的内容和方式也要随之改变，正确的教育将会起到事半功倍的作用，为孩子一生的成功打下坚实的基础。

本书自 2005 年 5 月出版以来，受到了广大学生家长和教师的热烈欢迎，深圳市将其列为“第六届深圳读书月推荐书目”。

以上图书各大书店、书城、网上书店有售。

团购请垂询：010-65868687

Email：tianluebook@263.net

更多畅销经典家教图书，请关注新浪微博“家教经典”（http://weibo.com/jiajiaojingdian）及淘宝网“天略图书”（http://shop33970567.taobao.com）